Mensagem

Fernando Pessoa

Mensagem

Organização, apresentação e ensaios de

Cleonice Berardinelli

EDIÇÕES DE
JANEIRO

Este livro foi revisado segundo o novo Acordo Ortográfico da Língua Portuguesa de 1990, em vigor no Brasil desde 2009.

Editora
Ana Cecilia Impellizieri Martins

Coordenadora de produção
Cristiane de Andrade Reis

Preparação de originais
Vanie Mari Cavichioli
Solange Gomes de Pinho

Pesquisa
Mauricio Matos

Assistente editorial
Aline Castilho

Projeto gráfico e capa
Victor Burton

Designer assistente
Cacau Mendes

Copidesque
Martha Lopes

Revisão
Laura Folgueira

P475
Pessoa, Fernando, 1888-1935.
Mensagem. / Apresentação, organização e ensaios Cleonice Berardinelli.
– Rio de Janeiro: Edições de Janeiro, 2014.
p. 176 il
ISBN: 978-85-67854-09-0.
1. Poesia portuguesa. 2. Literatura portuguesa. 3. Portugal – História.
4. Dinastias portuguesas. 5. Pessoa, Fernando, 1888-1935 – Crítica e interpretação. I. Berardinelli, Cleonice. II. Título.
CDD 869.4 CDU 821.134.3

EDIÇÕES DE JANEIRO
Praia de Botafogo, 501, 1º andar, bloco A
22250-040 – Rio de Janeiro, RJ
+55 (21) 3796-6708
contato@edicoesdejaneiro.com.br
www.edicoesdejaneiro.com.br

Sumário

✠ Apresentação

O presente volume da Coleção Cleonice Berardinelli, publicado pela Edições de Janeiro, apresenta semelhanças e diferenças em relação a meus três livros anteriores – *Gil Vicente: autos; Fernando Pessoa: antologia poética* e *Cinco séculos de sonetos portugueses: de Camões a Fernando Pessoa*. Assemelha-se ao apresentar estrutura idêntica, a saber: um núcleo de poesia seguido por ensaios de minha autoria, fruto de estudos desenvolvidos ao longo de mais de sessenta anos.

Diferencia-se porque *Mensagem*, que o leitor ora tem em mãos, não é uma antologia, mas um livro editado e reeditado desde 1934, primeiro por seu autor, Fernando Pessoa, depois por diversos pesquisadores, mais ou menos aparelhados para a tarefa de editar versos daquele que, ao lado de Luís de Camões, se firmou como poeta maior da literatura portuguesa.

Mensagem é um poema da inteligência à flor da pele. Trata-se de um poema épico-lírico, que retrata a história de Portugal através de seus grandes vultos, desde um mitológico Ulisses até seu 16º rei, D. Sebastião, transformado, por seu povo, num mito, "O Encoberto", aquele que retornaria da névoa no campo de batalha, onde desaparecera em plena luta, trazendo consigo a possibilidade do retorno dos tempos de glória de Portugal, fundando assim o "Quinto Império".

A distância de 80 anos da publicação original de *Mensagem*, comemorada neste ano de 2014, nos prova e autoriza a declarar que esta não envelheceu. A admiração continua até hoje e cresce, com seus versos-frases tornando-se antológicos, como: "Tudo vale a pena / Se a alma não é pequena"; "Deus ao mar o perigo e o abismo deu, / Mas nele é que espelhou o céu".

Se nos três volumes anteriores houve necessidade de atualização e padronização ortográfica dos textos, neste caso, o processo foi primar pela manutenção ou, mais precisamente, pela retomada da ortografia da edição *princeps* do poema, adotada e mantida por Fernando Pessoa. Desta forma, *Mensagem* retorna aqui a seu estágio inicial, como publicado um ano antes da prematura morte de seu autor.

CRITÉRIOS DE EDIÇÃO

Nesta edição optei por respeitar a vontade de Pessoa, claramente expressa em diversos textos reunidos no seu espólio sob a designação "Linguística" e publicados no fim do século passado[1], mantendo a grafia original de seus poemas; diferentemente de David Mourão-Ferreira que, em sua edição de 1959 – por motivos bem justificados na nota prefacial que lhe apõe[2] –, foi o primeiro a modernizar a grafia de *Mensagem*.

Sabe-se que Pessoa nunca abandonou a ortografia portuguesa em que foi alfabetizado, opondo-se veementemente à Reforma

---

1. PESSOA, Fernando, *A língua portuguesa*. MEDEIROS, Luísa (org.). São Paulo: Cia. das Letras, 1999. Y Publicado anteriormente pela Assírio & Alvim (Lisboa, 1997), onde, confessadamente, a organizadora utilizou a ortografia atual, explicitando que só manteve a pessoana nos exemplos por ele dados como tais. Os textos não são datados: sua organizadora, porém, acredita poder situar-lhes a primeira parte, "O problema ortográfico", "num tempo posterior a 30 de abril de 1930", data da assinatura do Acordo Ortográfico entre Portugal e Brasil , cf. p. 155.
2. "Pela primeira vez se publica uma edição da *Mensagem* especialmente *dedicada ao povo e à juventude de Portugal* [o itálico é nosso]. Para isso, actualizou-se-lhe a ortografia, de modo a que não se erguessem, entre a obra e o leitor, supérfluos ou irritantes obstáculos." MOURÃO-FERREIRA, DaviD. "Nota prefacial": PESSOA, Fernando. *Mensagem*. 10. eD. Lisboa: Ática, 1972, p.11. Eram bem diversos dos nossos os muito louváveis intentos de Mourão-Ferreira.

Ortográfica de 1911. Veja-se, por exemplo, o que diz em seu texto "A chamada Reforma Ortográfica":

> A ortografia é um fenómeno da cultura, e portanto um fenómeno espiritual. O Estado nada tem com o espírito. O Estado não tem direito a compelir-me, em matéria estranha ao Estado, a escrever numa ortografia que repugno, como não tem direito a impor-me uma religião que não aceito.[3]

Ponderadamente, porém, escrevia a João Gaspar Simões, em 19 de dezembro de 1930, aceitando a publicação, em *Presença*, de textos seus na ortografia vigente, – a única adotada pela revista –, considerando que "fica sempre mal o desacordo ortográfico adentro de uma publicação qualquer".[4] Quando, no entanto, publica vários dos seus poemas na revista *Athena* – de que era um dos "directores" –, editada de outubro de 1924 a fevereiro de 1925, utiliza exclusivamente a ortografia etimológica. Portanto, em *Athena* – como em *Orpheu*, *Portugal Futurista*, *Centauro* etc., integralmente publicadas nessa ortografia – não haverá "desacordo ortográfico".

No caso de *Mensagem*, é de se supor que terá permanecido intransigente dada a natureza mesma do poema, de cunho nacionalista e esotérico. A convicção do poeta se exemplifica na própria errata impressa na edição de 1934, na qual se lê: "pag. 32, linha 6 do texto: Poz-me as mãos sobre os hombros e doirou-me", em que corrige a ortografia: *ombros* por *hombros*, no poema "D. Fernando, Infante de Portugal". A correção está visível na imagem da página 83 desta edição.

O "Caderno de imagens" apresenta uma seleção de reproduções tanto do copião datiloscrito, do acervo da Biblioteca Nacional de Portugal (imagens: 2, 3, 6 e 7 deste volume), como da primeira edição de *Mensagem*, do acervo da Casa Fernando Pessoa (imagens 4, 8, 9, 10, 11, 12 e 13), algumas vezes contendo alterações – como correção de texto e inclusão de datas –, do próprio punho de Fernando Pessoa. Além do poema "Gladio", integralmente por ele manuscrito, do acer-

---

3. PESSOA, Fernando. *A língua portuguesa*, p. 90.
4. PESSOA, Fernando. *Cartas a João Gaspar Simões*. Introdução, apêndice e notas do destinatário. Lisboa: Europa-América, 1957, p. 74-5.

vo da Biblioteca Nacional de Portugal (imagem 5). Considerei ser esta uma oportunidade imperdível de aproximar o leitor dos originais do poema, em seus vários momentos de escrita, de forma a proporcionar um melhor entendimento do processo de criação do poeta.

Nos ensaios, reunidos ao fim do volume, bem como nas notas e nos itens de orientação para a leitura dos versos – como, por exemplo, "Vultos históricos" –, optou-se pela chamada nova ortografia, vigente no Brasil desde 2009, à exceção das citações extraídas de *Mensagem*, em que se manteve, por coerência, a ortografia adotada pelo poeta, conforme exposto anteriormente. A origem e a data atribuídas aos ensaios são as de suas primeiras publicações.

5/6

FERNANDO PESSOA – 21.N.10

~~P O R T U G A L~~ – As Índias?

Mensagem

LISBOA 1934

PARCERIA ANTONIO MARIA PEREIRA

RUA AUGUSTA 44-54

✠ Mensagem

BENEDICTUS DOMINUS DEUS
NOSTER QUI DEDIT NOBIS SIGNUM.

PRIMEIRA PARTE

B R A S Ã O

✠ PRIMEIRA PARTE

BRASÃO

BELLUM SINE BELLO.

I ✠ Os campos

O dos castellos

A Europa jaz, posta nos cotovellos:[1]
De Oriente a Occidente jaz, fitando,
E toldam-lhe romanticos cabellos
Olhos gregos, lembrando.

O cotovello esquerdo é recuado;
O direito é em angulo disposto.
Aquelle diz Italia onde é pousado;
Este diz Inglaterra onde, afastado,
A mão sustenta, em que se appoia o rosto.

Fita, com olhar sphyngico e fatal,
O Occidente, futuro do passado.

O rosto com que fita é Portugal.

~ 8-12-1928

---

1. Efetuaram-se nesta edição, para melhor compreensão, algumas alterações na pontuação original deste poema – versos 1; 2; 5 e 7.

O *das quinas*

Os Deuses vendem quando dão.
Compra-se a gloria com desgraça.
Ai dos felizes, porque são
Só o que passa!

Baste a quem baste o que lhe basta
O bastante de lhe bastar!
A vida é breve, a alma é vasta:
Ter é tardar.

Foi com desgraça e com vileza
Que Deus ao Christo definiu:
Assim o oppoz à Natureza
E Filho o ungiu.

~ 8-12-1928

II ✠ Os castellos

Ulysses

O mytho é o nada que é tudo.
O mesmo sol que abre os céus
É um mytho brilhante e mudo –
O corpo morto de Deus,
Vivo e desnudo.

Este, que aqui aportou,
Foi por não ser existindo.
Sem existir nos bastou.
Por não ter vindo foi vindo
E nos creou.

Assim a lenda se escorre
A entrar na realidade,
E a fecundal-a decorre.
Em baixo, a vida, metade
De nada, morre.

Viriato

Se a alma que sente e faz conhece
Só porque lembra o que esqueceu,
Vivemos, raça, porque houvesse
Memoria em nós do instincto teu.

Nação porque reincarnaste,
Povo porque ressuscitou
Ou tu, ou o de que eras a haste –
Assim se Portugal formou.

Teu ser é como aquella fria
Luz que precede a madrugada,
E é já o ir a haver o dia
Na antemanhã, confuso nada.

22-1-1934

TERCEIRO

O Conde D. Henrique

Todo começo é involuntario.
Deus é o agente.
O heroe a si assiste, vario
E inconsciente.

À espada em tuas mãos achada
Teu olhar desce.
"Que farei eu com esta espada?"

Ergueste-a, e fez-se.

D. Tareja

As nações todas são mysterios.
Cada uma é todo o mundo a sós.
Ó mãe de reis e avó de imperios,
Vella por nós!

Teu seio augusto amamentou
Com bruta e natural certeza
O que, imprevisto, Deus fadou.
Por elle resa!

Dê tua prece outro destino
A quem fadou o instincto teu!
O homem que foi o teu menino
Envelheceu.

Mas todo vivo é eterno infante
Onde estás e não ha o dia.
No antigo seio, vigilante,
De novo o cria!

24-9-1928

D. Affonso Henriques

Pae, foste cavalleiro.
Hoje a vigilia é nossa.
Dá-nos o exemplo inteiro
E a tua inteira força!

Dá, contra a hora em que, errada,
Novos infieis vençam,
A benção como espada,
A espada como benção!

D. Diniz

Na noite escreve um seu Cantar de Amigo
O plantador de naus a haver,
E ouve um silencio murmuro comsigo:
É o rumor dos pinhaes que, como um trigo
De Imperio, ondulam sem se poder ver.

Arroio, esse cantar, jovem e puro,
Busca o oceano por achar;
E a falla dos pinhaes, marulho obscuro,
É o som presente d'esse mar futuro,
É a voz da terra anciando pelo mar.

~ 9-2-1934

D. João o Primeiro

O homem e a hora são um só
Quando Deus faz e a história é feita.
O mais é carne, cujo pó
A terra espreita.

Mestre, sem o saber, do Templo
Que Portugal foi feito ser,
Que houveste a gloria e deste o exemplo
De o defender.

Teu nome, eleito em sua fama,
É, na ara da nossa alma interna,
A que repelle, eterna chamma,
A sombra eterna.

~ 12-2-1934

D. Philippa de Lencastre

Que enigma havia em teu seio
Que só genios concebia?
Que archanjo teus sonhos veio
Vellar, maternos, um dia?

Volve a nós teu rosto serio,
Princeza do Santo Gral,
Humano ventre do Imperio,
Madrinha de Portugal!

~ 26-9-1928

III ✠ As quinas

D. Duarte, Rei de Portugal

Meu dever fez-me, como Deus ao mundo.
A regra de ser Rei almou meu ser,
Em dia e letra escrupuloso e fundo.

Firme em minha tristeza, tal vivi.
Cumpri contra o Destino o meu dever.
Inutilmente? Não, porque o cumpri.

~ 26-9-1928

D. Fernando, Infante de Portugal

Deu-me Deus o seu gladio, porque eu faça
A sua santa guerra.
Sagrou-me seu em honra e em desgraça,
Às horas em que um frio vento passa
Por sobre a fria terra.

Poz-me as mãos sobre os hombros[2] e doirou-me
A fronte com o olhar;
E esta febre de Além, que me consome,
E este querer grandeza são seu nome
Dentro em mim a vibrar.

E eu vou, e a luz do gladio erguido dá
Em minha face calma.
Cheio de Deus, não temo o que virá,
Pois, venha o que vier, nunca será
Maior do que a minha alma.

~ 21-7-1913

2. Corrigido de *ombros* para *hombros*, seguindo a errata da 1ª edição do livro.

D. Pedro, Regente de Portugal

Claro em pensar, e claro no sentir,
E claro no querer;
Indifferente ao que ha em conseguir
Que seja só obter;
Duplice dono, sem me dividir,
De dever e de ser –

Não me podia a Sorte dar guarida
Por não ser eu dos seus.
Assim vivi, assim morri, a vida,
Calmo sob mudos céus,
Fiel à palavra dada e à idéa tida.
Tudo mais é com Deus!

~ 15-2-1934

D. João, Infante de Portugal

Não fui alguem. Minha alma estava estreita
Entre tam grandes almas minhas pares,
Inutilmente eleita,
Virgemmente parada;

Porque é do portuguez, pae de amplos mares,
Querer, poder só isto:
O inteiro mar, ou a orla vã desfeita –
O todo, ou o seu nada.

28-3-1930

D. Sebastião, Rei de Portugal

Louco, sim, louco, porque quiz grandeza
Qual a Sorte a não dá.
Não coube em mim minha certeza;
Porisso onde o areal está
Ficou meu ser que houve, não o que ha.

Minha loucura, outros que me a tomem
Com o que nella ia.
Sem a loucura que é o homem
Mais que a besta sadia,
Cadaver addiado que procria?

~ 20-2-1933

IV ✠ A coroa

Nunalvares Pereira

Que aureola te cerca?
É a espada que, volteando,
Faz que o ar alto perca
Seu azul negro e brando.

Mas que espada é que, erguida,
Faz esse halo no céu?
É Excalibur, a ungida,
Que o Rei Arthur te deu.

Sperança consummada,
S. Portugal em ser,
Ergue a luz da tua espada
Para a estrada se ver!

~ 8-12-1928

V ✠ O timbre

O *Infante D. Henrique*

Em seu throno entre o brilho das espheras,
Com seu manto de noite e solidão,
Tem aos pés o mar novo e as mortas eras –
O unico imperador que tem, deveras,
O globo mundo em sua mão.

~ 26-9-1928

D. João o Segundo

Braços cruzados, fita além do mar.
Parece em promontorio uma alta serra –
O limite da terra a dominar
O mar que possa haver além da terra.

Seu formidavel vulto solitario
Enche de estar presente o mar e o céu,
E parece temer o mundo vario
Que elle abra os braços e lhe rasgue o véu.

26-9-1928

Affonso de Albuquerque

De pé, sobre os paizes conquistados
Desce os olhos cansados
De ver o mundo e a injustiça e a sorte.
Não pensa em vida ou morte,
Tam poderoso que não quer o quanto
Póde, que o querer tanto
Calcára mais do que o submisso mundo
Sob o seu passo fundo.
Trez imperios do chão lhe a Sorte apanha.
Creou-os como quem desdenha.

~ 26-9-1928

SEGUNDA PARTE

M A R P O R T U G U E Z

✠ SEGUNDA PARTE

MAR PORTUGUEZ

POSSESSIO MARIS.

I

O *infante*

Deus quer, o homem sonha, a obra nasce.
Deus quiz que a terra fosse toda uma,
Que o mar unisse, já não separasse.
Sagrou-te, e foste desvendando a espuma,

E a orla branca foi de ilha em continente,
Clareou, correndo, até ao fim do mundo,
E viu-se a terra inteira, de repente,
Surgir, redonda, do azul profundo.

Quem te sagrou creou-te portuguez.
Do mar e nós em ti nos deu signal.
Cumpriu-se o Mar, e o Imperio se desfez.
Senhor, falta cumprir-se Portugal!

Horizonte

Ó mar anterior a nós, teus medos
Tinham coral e praias e arvoredos.
Desvendadas a noite e a cerração,
As tormentas passadas e o mysterio,
Abria em flor o Longe, e o Sul siderio
Splendia sobre as naus da iniciação.

Linha severa da longinqua costa –
Quando a nau se approxima ergue-se a encosta
Em arvores onde o Longe nada tinha;
Mais perto, abre-se a terra em sons e cores;
E, no desembarcar, ha aves, flores,
Onde era só, de longe a abstracta linha.

O sonho é ver as fórmas invisiveis
Da distancia imprecisa, e, com sensiveis
Movimentos da esprança e da vontade,
Buscar na linha fria do horizonte
A arvore, a praia, a flor, a ave, a fonte –
Os beijos merecidos da Verdade.

III

Padrão

O exforço é grande e o homem é pequeno.
Eu, Diogo Cão, navegador, deixei
Este padrão ao pé do areal moreno
E para deante naveguei.

A alma é divina e a obra é imperfeita.
Este padrão signala ao vento e aos céus
Que, da obra ousada, é minha a parte feita:
O por-fazer é só com Deus.

E ao immenso e possivel oceano
Ensinam estas Quinas, que aqui vês,
Que o mar com fim será grego ou romano:
O mar sem fim é portuguez.

E a Cruz ao alto diz que o que me ha na alma
E faz a febre em mim de navegar
Só encontrará de Deus na eterna calma
O porto sempre por achar.

~ 13-9-1918

IV

O mostrengo

O mostrengo que está no fim do mar
Na noite de breu ergueu-se a voar;
À roda da nau voou trez vezes,
Voou trez vezes a chiar,
E disse, "Quem é que ousou entrar
Nas minhas cavernas que não desvendo,
Meus tectos negros do fim do mundo?"
E o homem do leme disse, tremendo,
"El-Rei D. João Segundo!"

"De quem são as velas onde me roço?
De quem as quilhas que vejo e ouço?"
Disse o mostrengo, e rodou trez vezes,
Trez vezes rodou immundo e grosso,
"Quem vem poder o que só eu posso,
Que moro onde nunca ninguem me visse
E escorro os medos do mar sem fundo?"
E o homem do leme tremeu, e disse,
"El-Rei D. João Segundo!"

Trez vezes do leme as mãos ergueu,
Trez vezes ao leme as reprendeu,
E disse no fim de temer[3] trez vezes,
"Aqui ao leme sou mais do que eu:
Sou um Povo que quer o mar que é teu;
E mais que o mostrengo, que me a alma teme
E roda nas trevas do fim do mundo,
Manda a vontade, que me ata ao leme,
De El-Rei D. João Segundo!"

~ 9-9-1918

3. Seguimos o original do poema com *temer*, .
diferentemente de edicões anteriores que usam a palavra tremer.

V

Epitaphio de Bartolomeu Dias

Jaz aqui, na pequena praia extrema,
O Capitão do Fim. Dobrado o Assombro,
O mar é o mesmo: já ninguem o tema!
Atlas, mostra alto o mundo no seu hombro.

VI

Os colombos

Outros haverão de ter
O que houvermos de perder.
Outros poderão achar
O que, no nosso encontrar,
Foi achado, ou não achado,
Segundo o destino dado.

Mas o que a elles não toca
É a Magia que evoca
O Longe e faz d'elle historia.
E porisso a sua gloria
É justa aureola dada
Por uma luz emprestada.

~ 2-4-1934

VII

Occidente

Com duas mãos – o Acto e o Destino –
Desvendámos. No mesmo gesto, ao céu
Uma ergue o facho tremulo e divino
E a outra afasta o véu.

Fosse a hora que haver ou a que havia
A mão que ao Occidente o véu rasgou,
Foi alma a Sciencia e corpo a Ousadia
Da mão que desvendou.

Fosse Acaso, ou Vontade, ou Temporal
A mão que ergueu o facho que luziu,
Foi Deus a alma e o corpo Portugal
Da mão que o conduziu.

VIII

Fernão de Magalhães

No valle clareia uma fogueira.
Uma dança sacode a terra inteira.
E sombras disformes e descompostas
Em clarões negros do valle vão
Subitamente pelas encostas,
Indo perder-se na escuridão.

De quem é a dança que a noite aterra?
São os Titans, os filhos da Terra,
Que dançam da morte do marinheiro
Que quiz cingir o materno vulto –
Cingil-o, dos homens, o primeiro –,
Na praia ao longe por fim sepulto.

Dançam, nem sabem que a alma ousada
Do morto ainda commanda a armada,
Pulso sem corpo ao leme a guiar
As naus no resto do fim do espaço:
Que até ausente soube cercar
A terra inteira com seu abraço.

Violou a Terra. Mas elles não
O sabem, e dançam na solidão;
E sombras disformes e descompostas,
Indo perder-se nos horizontes,
Galgam do valle pelas encostas
Dos mudos montes.

IX

Ascensão de Vasco da Gama

Os Deuses da tormenta e os gigantes da terra
Suspendem de repente o odio da sua guerra
E pasmam. Pelo valle onde se ascende aos céus
Surge um silencio, e vae, da nevoa ondeando os véus,
Primeiro um movimento e depois um assombro.
Ladeiam-o, ao durar, os medos, hombro a hombro,
E ao longe o rastro ruge em nuvens e clarões

Em baixo, onde a terra é, o pastor gela, e a flauta
Cahe-lhe, e em extase vê, à luz de mil trovões,
O céu abrir o abysmo à alma do Argonauta.

~ 10-1-1922

X

Mar portuguez

Ó mar salgado, quanto do teu sal
São lagrimas de Portugal!
Por te cruzarmos, quantas mães choraram,
Quantos filhos em vão resaram!
Quantas noivas ficaram por casar
Para que fosses nosso, ó mar!

Valeu a pena? Tudo vale a pena
Se a alma não é pequena.
Quem quer passar além do Bojador
Tem que passar além da dor.
Deus ao mar o perigo e o abysmo deu,
Mas nelle é que espelhou o céu.

XI

A ultima nau

Levando a bordo El-Rei D. Sebastião,
E erguendo, como um nome, alto o pendão
Do Imperio,
Foi-se a ultima nau, ao sol aziago
Erma, e entre choros de ancia e de presago
Mysterio.

Não voltou mais. A que ilha indescoberta
Aportou? Voltará da sorte incerta
Que teve?
Deus guarda o corpo e a fórma do futuro,
Mas Sua luz projecta-o, sonho escuro
E breve.

Ah, quanto mais ao povo a alma falta,
Mais a minha alma atlantica se exalta
E entorna,
E em mim, num mar que não tem tempo ou spaço,
Vejo entre a cerração teu vulto baço
Que torna.

Não sei a hora, mas sei que ha a hora,
Demore-a Deus, chame-lhe a alma embora
Mysterio.
Surges ao sol em mim, e a nevoa finda:
A mesma, e trazes o pendão ainda
Do Imperio.

XII

Prece

Senhor, a noite veio e a alma é vil.
Tanta foi a tormenta e a vontade!
Restam-nos hoje, no silencio hostil,
O mar universal e a saüdade.

Mas a chamma, que a vida em nós creou,
Se ainda ha vida ainda não é finda.
O frio morto em cinzas a occultou:
A mão do vento póde erguel-a ainda.

Dá o sopro, a aragem – ou desgraça ou ancia –,
Com que a chamma do exforço se remoça,
E outra vez conquistemos a Distancia –
Do mar ou outra, mas que seja nossa!

~ 31-12-1921 / 1-1-1922

69/70

TERCEIRA PARTE

O ENCOBERTO

✠ TERCEIRA PARTE

O ENCOBERTO

PAX IN EXCELSIS.

I ✠ Os symbolos

D. Sebastião

Sperae! Cahi no areal e na hora adversa
Que Deus concede aos seus
Para o intervallo em que esteja a alma immersa
Em sonhos que são Deus.

Que importa o areal e a morte e a desventura
Se com Deus me guardei?
É O que eu me sonhei que eterno dura,
É Esse que regressarei.

O Quinto Imperio

Triste de quem vive em casa,
Contente com o seu lar,
Sem que um sonho, no erguer de asa,
Faça até mais rubra a brasa
Da lareira a abandonar!

Triste de quem é feliz!
Vive porque a vida dura.
Nada na alma lhe diz
Mais que a lição da raiz –
Ter por vida a sepultura.

Eras sobre eras se somem
No tempo que em eras vem.
Ser descontente é ser homem.
Que as forças cegas se domem
Pela visão que a alma tem!

E assim, passados os quatro
Tempos do ser que sonhou,
A terra será theatro
Do dia claro, que no atro
Da erma noite começou.

Grecia, Roma, Christandade,
Europa – os quatro se vão
Para onde vae toda edade.
Quem vem viver a verdade
Que morreu D. Sebastião?

21-1-1933

O Desejado

Onde quer que, entre sombras e dizeres,
Jazas, remoto, sente-te sonhado,
E ergue-te do fundo de não-seres
Para teu novo fado!

Vem, Galaaz com patria, erguer de novo,
Mas já no auge da suprema prova,
A alma penitente do teu povo
À Eucharistia Nova.

Mestre da Paz, ergue teu gladio ungido,
Excalibur do Fim, em geito tal
Que sua Luz ao mundo dividido
Revele o Santo Gral!

~ 18-1-1934

As ilhas afortunadas

Que voz vem no som das ondas
Que não é a voz do mar?
É a voz de alguem que nos falla,
Mas que, se escutamos, cala,
Por ter havido escutar.

E só se, meio dormindo,
Sem saber de ouvir ouvimos,
Que ella nos diz a esperança
A que, como uma criança
Dormente, a dormir sorrimos.

São ilhas afortunadas,
São terras sem ter logar,
Onde o Rei mora esperando.
Mas, se vamos dispertando,
Cala a voz, e ha só o mar.

~ 26-3-1934

O Encoberto

Que symbolo fecundo
Vem na aurora anciosa?
Na Cruz morta do Mundo
A Vida, que é a Rosa.

Que symbolo divino
Traz o dia já visto?
Na Cruz, que é o Destino,
A Rosa, que é o Christo.

Que symbolo final
Mostra o sol já disperto?
Na Cruz morta e fatal
A Rosa do Encoberto.

~ 21-1-1933 / 11-2-1934

II ✠ Os avisos

O Bandarra

Sonhava, anonymo e disperso,
O Imperio por Deus mesmo visto,
Confuso como o Universo
E plebeu como Jesus Christo

Não foi nem santo nem heroe,
Mas Deus sagrou com Seu signal
Este, cujo coração foi
Não portuguez mas Portugal.

~ 28-3-1930

Antonio Vieira

O Céu strella o azul e tem grandeza.
Este, que teve a fama e à gloria tem,
Imperador da lingua portugueza,
Foi-nos um céu tambem.

No immenso espaço seu de meditar,
Constellado de fórma e de visão,
Surge, prenuncio claro do luar,
El-Rei D. Sebastião.

Mas não, não é luar: é luz do ethereo.
É um dia; e, no céu amplo de desejo,
A madrugada irreal do Quinto Imperio
Doira as margens do Tejo.

~ 31-7-1929

Screvo meu livro à beira-magua.
Meu coração não tem que ter.
Tenho meus olhos quentes de agua.
Só tu, Senhor, me dás viver.

Só te sentir e te pensar
Meus dias vacuos enche e doura.
Mas quando quererás voltar?
Quando é o Rei? Quando é a Hora?

Quando virás a ser o Christo
De a quem morreu o falso Deus,
E a dispertar do mal que existo
A Nova Terra e os Novos Céus?

Quando virás, ó Encoberto,
Sonho das eras portuguez,
Tornar-me mais que o sopro incerto
De um grande anceio que Deus fez?

Ah, quando quererás, voltando,
Fazer minha esperança amor?
Da nevoa e da saudade quando?
Quando, meu Sonho e meu Senhor?

~ 10-12-1928

III. ✠ Os tempos

Noite

A nau de um d'elles tinha-se perdido
No mar indefinido.
O segundo pediu licença ao Rei
De, na fé e na lei
Da descoberta ir em procura
Do irmão no mar sem fim e a nevoa escura.

Tempo foi. Nem primeiro nem segundo
Volveu do fim profundo
Do mar ignoto à patria por quem dera
O enigma que fizera.
Então o terceiro a El-Rei rogou
Licença de os buscar, e El-Rei negou.

Como a um captivo, o ouvem a passar
Os servos do solar.
E, quando o vêem, vêem a figura
Da febre e da amargura,
Com fixos olhos rasos de ancia
Fitando a prohibida azul distancia.

Senhor, os dois irmãos do nosso Nome –
O Poder e o Renome –
Ambos se foram pelo mar da edade
À tua eternidade;
E com elles de nós se foi
O que faz a alma poder ser de heroe.

Queremos ir buscal-os, d'esta vil
Nossa prisão servil:
É a busca de quem somos, na distancia
De nós; e, em febre de ancia,
A Deus as mãos alçamos.

Mas Deus não dá licença que partamos.

Tormenta

Que jaz no abysmo sob o mar que se ergue?
Nós, Portugal, o poder ser.
Que inquietação do fundo nos soergue?
O desejar poder querer.

Isto, e o mysterio de que a noite é o fausto...
Mas subito, onde o vento ruge,
O relampago, pharol de Deus, um hausto
Brilha, e o mar scuro struge.

~ 26-2-1934

Calma

Que costa é que as ondas contam
E se não póde encontrar
Por mais naus que haja no mar?
O que é que as ondas encontram
E nunca se vê surgindo?
Este som de o mar praiar
Onde é que está existindo?

Ilha proxima e remota,
Que nos ouvidos persiste,
Para a vista não existe.
Que nau, que armada, que frota
Póde encontrar o caminho
À praia onde o mar insiste,
Se à vista o mar é sòsinho?

Haverá rasgões no espaço
Que dêem para outro lado,
E que, um d'elles encontrado,
Aqui, onde ha só sargaço,
Surja uma ilha velada,
O paiz afortunado
Que guarda o Rei desterrado
Em sua vida encantada?

~ 15-2-1934

Antemanhã

O mostrengo que está no fim do mar
Veio das trevas a procurar
A madrugada do novo dia,
Do novo dia sem acabar;
E disse, "Quem é que dorme a lembrar
Que desvendou o Segundo Mundo,
Nem o Terceiro quer desvendar?"

E o som na treva de elle rodar
Faz mau o somno, triste o sonhar,
Rodou e foi-se o mostrengo servo
Que seu senhor veio aqui buscar.
Que veio aqui seu senhor chamar –
Chamar Aquelle que está dormindo
E foi outrora Senhor do Mar.

~ 8-7-1933

Nevoeiro

Nem rei nem lei, nem paz nem guerra,
Define com perfil e ser
Este fulgor baço da terra
Que é Portugal a entristecer –
Brilho sem luz e sem arder,
Como o que o fogo-fatuo encerra.

Ninguem sabe que coisa quer.
Ninguem conhece que alma tem,
Nem o que é mal nem o que é bem.
(Que ancia distante perto chora?)
Tudo é incerto e derradeiro.
Tudo é disperso, nada é inteiro.
Ó Portugal, hoje és nevoeiro...

É a Hora!

~ 10-12-1928

Valete, Fratres.

Caderno de imagens

Imagem 1: Brasão de *Mensagem*, reproduzido do fac-símile da *Copilaçam de Todalas Obras de Gil Vicente* (1562).

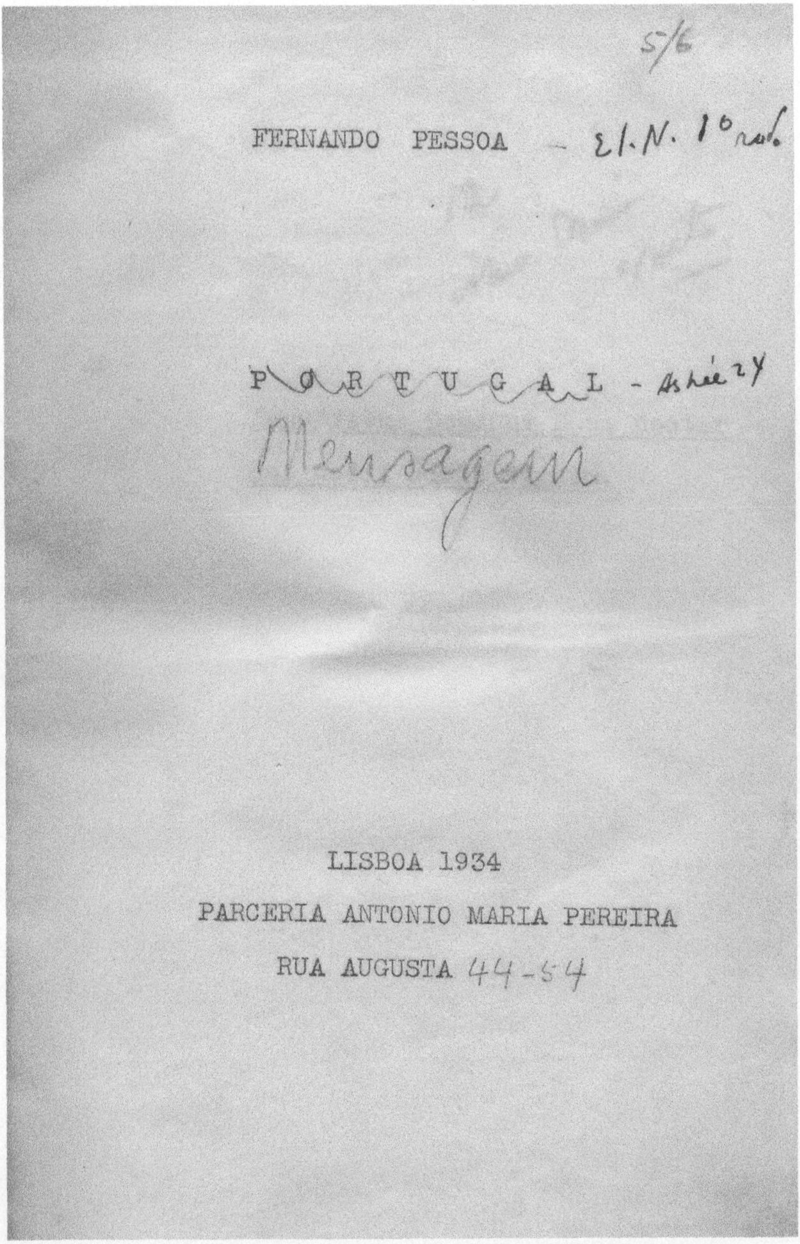

FERNANDO PESSOA

~~PORTUGAL~~

Mensagem

LISBOA 1934

PARCERIA ANTONIO MARIA PEREIRA

RUA AUGUSTA 44-54

Imagem 2: Datiloscrito da folha de rosto do copião de *Mensagem* (1934), com alteração manuscrita do título feita por Fernando Pessoa.

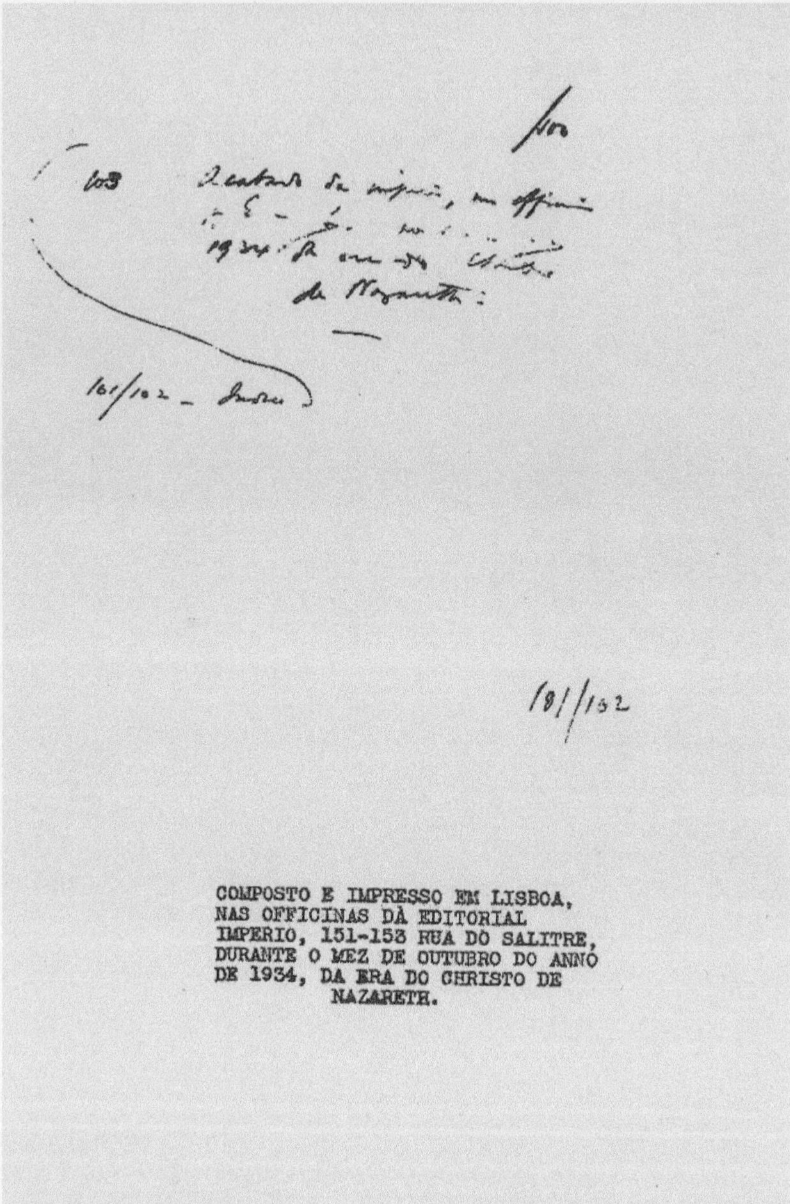

COMPOSTO E IMPRESSO EM LISBOA,
NAS OFFICINAS DA EDITORIAL
IMPERIO, 151-153 RUA DO SALITRE,
DURANTE O MEZ DE OUTUBRO DO ANNO
DE 1934, DA ERA DO CHRISTO DE
NAZARETH.

Imagem 3: Colofão de *Mensagem*, manuscrito e datiloscrito por Fernando Pessoa.

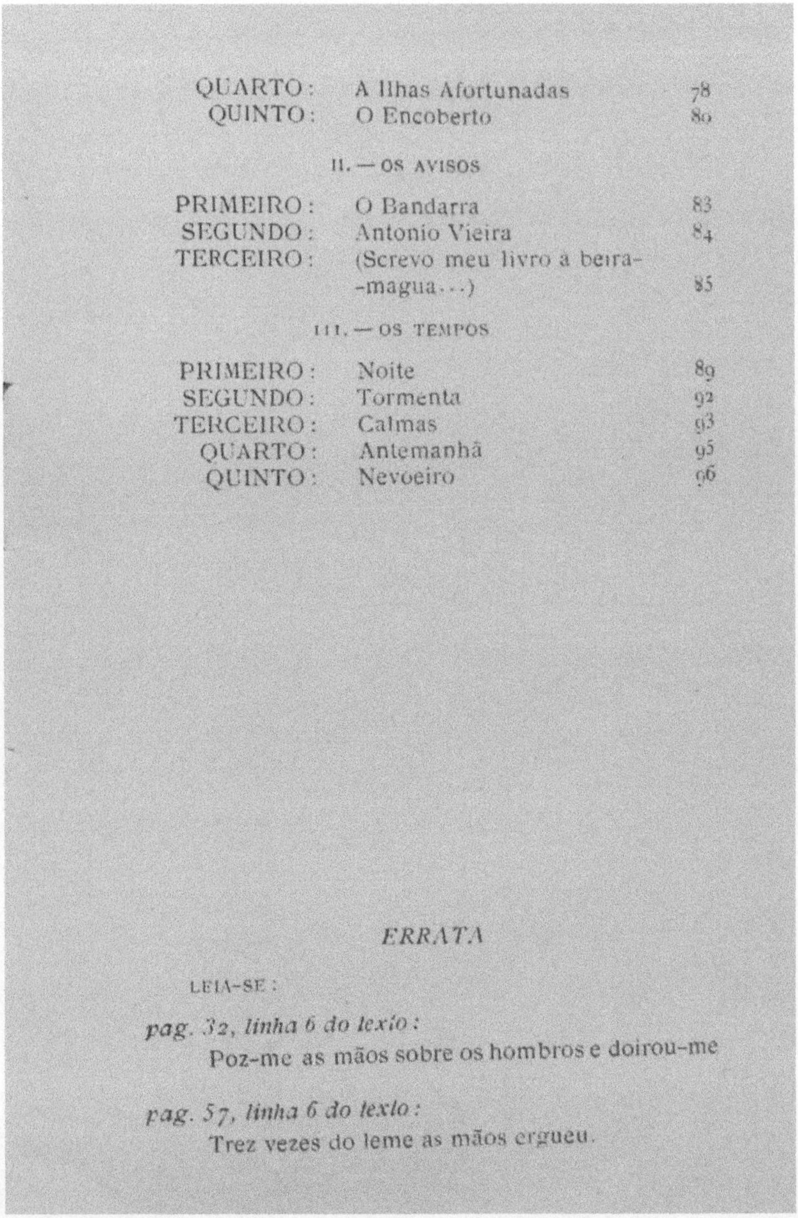

ERRATA

LEIA-SE:

pag. 32, linha 6 do texto:
Poz-me as mãos sobre os hombros e doirou-me

pag. 57, linha 6 do texto:
Trez vezes do leme as mãos ergueu.

Imagem 4: Errata na edição de 1934 de *Mensagem*.

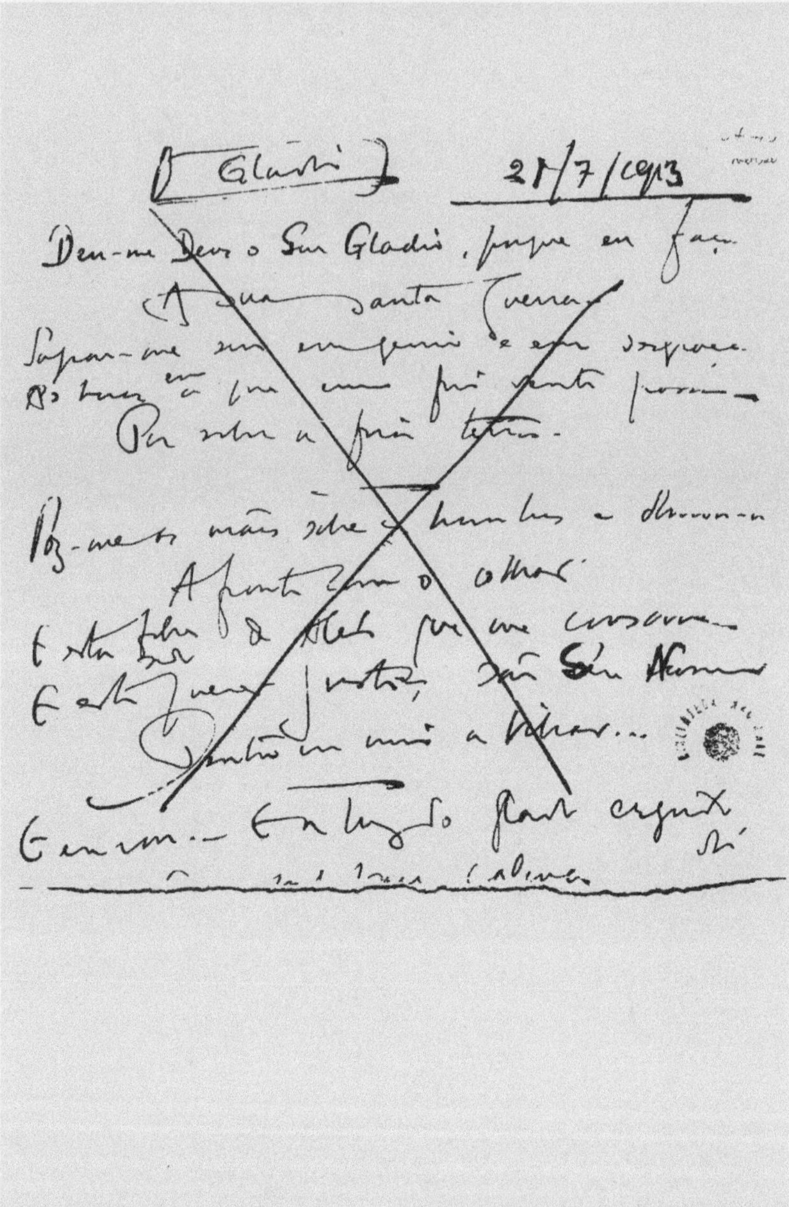

Imagem 5: Manuscrito de “Gladio”, espólio pessoano, 57-40 v..

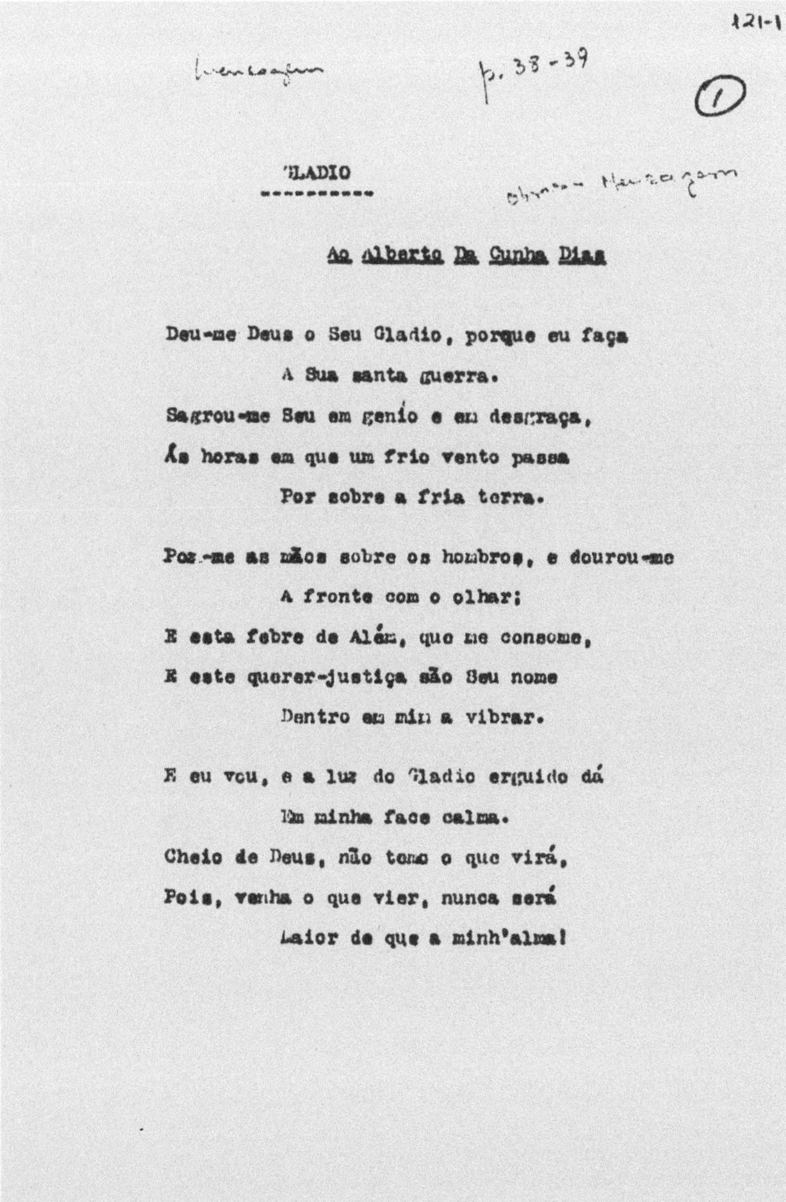
121-1

p. 38-39

GLADIO

Ao Alberto Da Cunha Dias

Deu-me Deus o Seu Gladio, porque eu faça
A Sua santa guerra.
Sagrou-me Seu em genio e em desgraça,
Ás horas em que um frio vento passa
Por sobre a fria terra.

Poz-me as mãos sobre os hombros, e dourou-me
A fronte com o olhar;
E esta febre de Além, que me consome,
E este querer-justiça são Seu nome
Dentro em mim a vibrar.

E eu vou, e a luz do Gladio erguido dá
Em minha face calma.
Cheio de Deus, não temo o que virá,
Pois, venha o que vier, nunca será
Maior de que a minh'alma!

Imagem 6: Datiloscrito de "Gladio", espólio pessoano, 121-1.

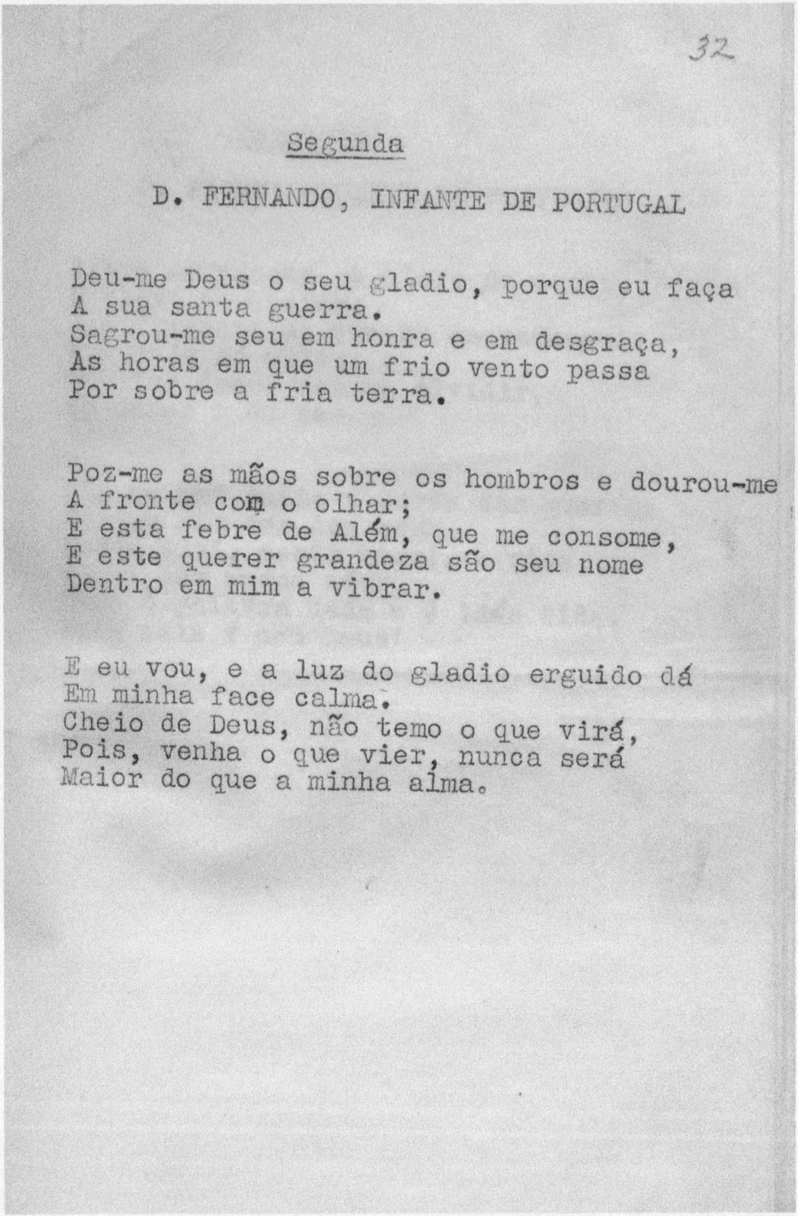

32

Segunda

D. FERNANDO, INFANTE DE PORTUGAL

Deu-me Deus o seu gladio, porque eu faça
A sua santa guerra.
Sagrou-me seu em honra e em desgraça,
Ás horas em que um frio vento passa
Por sobre a fria terra.

Poz-me as mãos sobre os hombros e dourou-me
A fronte com o olhar;
E esta febre de Além, que me consome,
E este querer grandeza são seu nome
Dentro em mim a vibrar.

E eu vou, e a luz do gladio erguido dá
Em minha face calma.
Cheio de Deus, não temo o que virá,
Pois, venha o que vier, nunca será
Maior do que a minha alma.

Imagem 7: Datiloscrito de "D. Fernando, Infante de Portugal".

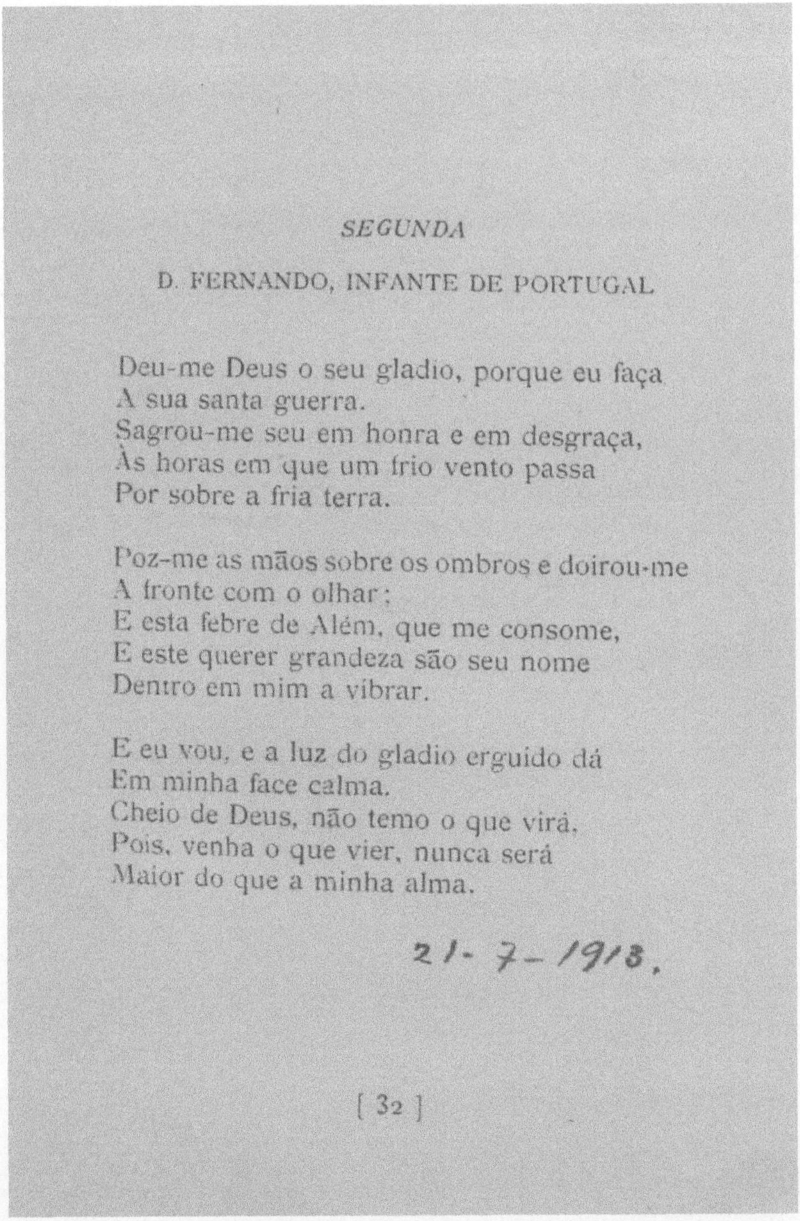

SEGUNDA

D. FERNANDO, INFANTE DE PORTUGAL

Deu-me Deus o seu gladio, porque eu faça
A sua santa guerra.
Sagrou-me seu em honra e em desgraça,
Às horas em que um frio vento passa
Por sobre a fria terra.

Poz-me as mãos sobre os ombros e doirou-me
A fronte com o olhar;
E esta febre de Além, que me consome,
E este querer grandeza são seu nome
Dentro em mim a vibrar.

E eu vou, e a luz do gladio erguido dá
Em minha face calma.
Cheio de Deus, não temo o que virá,
Pois, venha o que vier, nunca será
Maior do que a minha alma.

21-7-1913.

[32]

Imagem 8: Impressão de "D. Fernando, Infante de Portugal" na edição de *Mensagem* (1934) com acréscimo da data manuscrita por Fernando Pessoa.

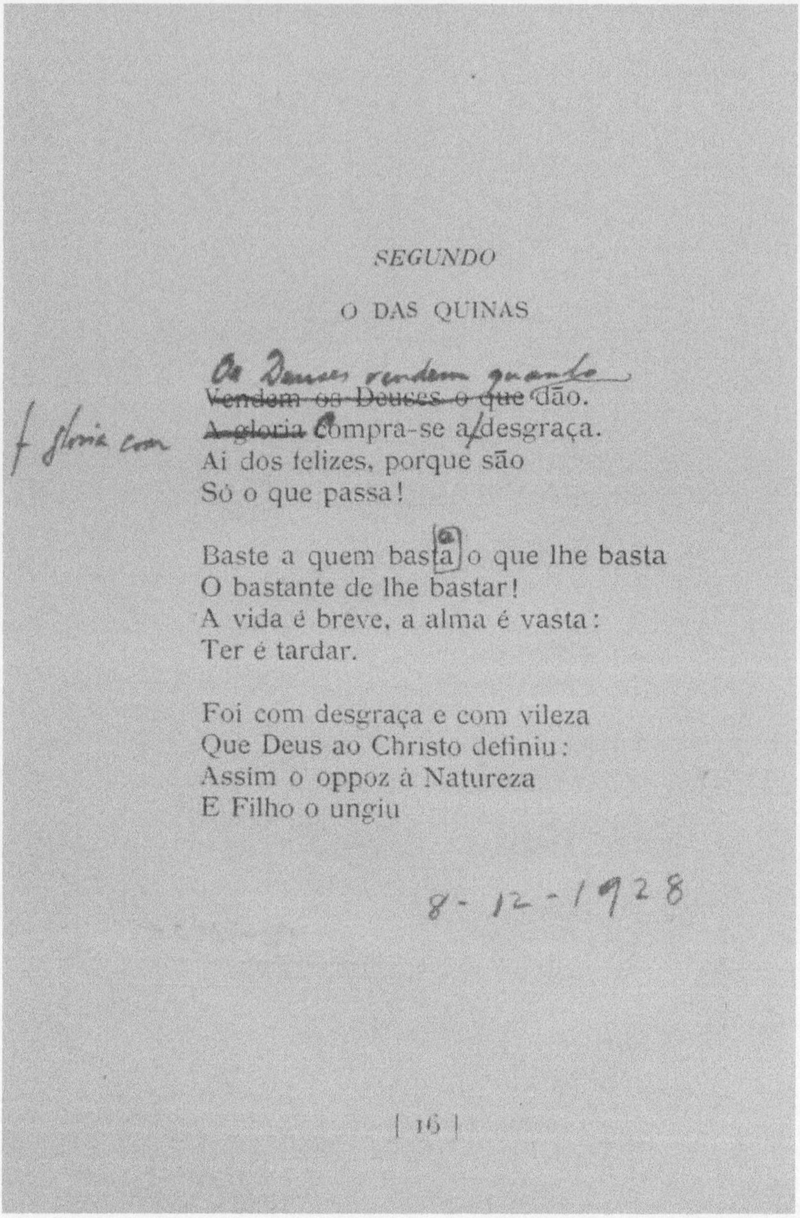

SEGUNDO

O DAS QUINAS

Vendem os Deuses o que dão.
A gloria compra-se a desgraça.
Ai dos felizes, porque são
Só o que passa!

Baste a quem basta o que lhe basta
O bastante de lhe bastar!
A vida é breve, a alma é vasta:
Ter é tardar.

Foi com desgraça e com vileza
Que Deus ao Christo definiu:
Assim o oppoz à Natureza
E Filho o ungiu

8-12-1928

[16]

Imagem 9: Impressão de "O das quinas" na edição de 1934, com correções manuscritas feitas por Fernando Pessoa.

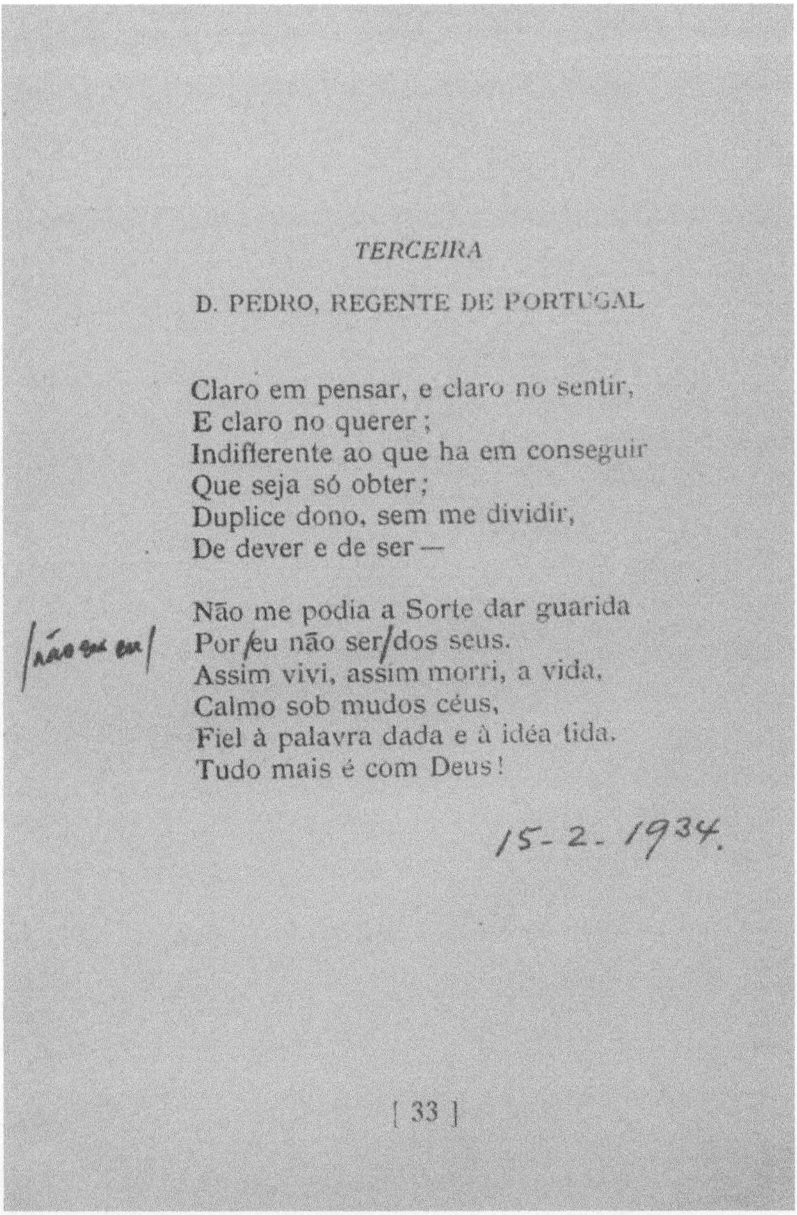

TERCEIRA

D. PEDRO, REGENTE DE PORTUGAL

Claro em pensar, e claro no sentir,
E claro no querer;
Indiflerente ao que ha em conseguir
Que seja só obter;
Duplice dono, sem me dividir,
De dever e de ser —

Não me podia a Sorte dar guarida
Por /eu não ser/ dos seus.
Assim vivi, assim morri, a vida,
Calmo sob mudos céus,
Fiel à palavra dada e à idéa tida.
Tudo mais é com Deus!

/não sou eu/

15-2-1934.

[33]

Imagem 10: Impressão de "D. Pedro, Regente de Portugal"
na edição de *Mensagem* (1934), com uma correção de Fernando Pessoa.

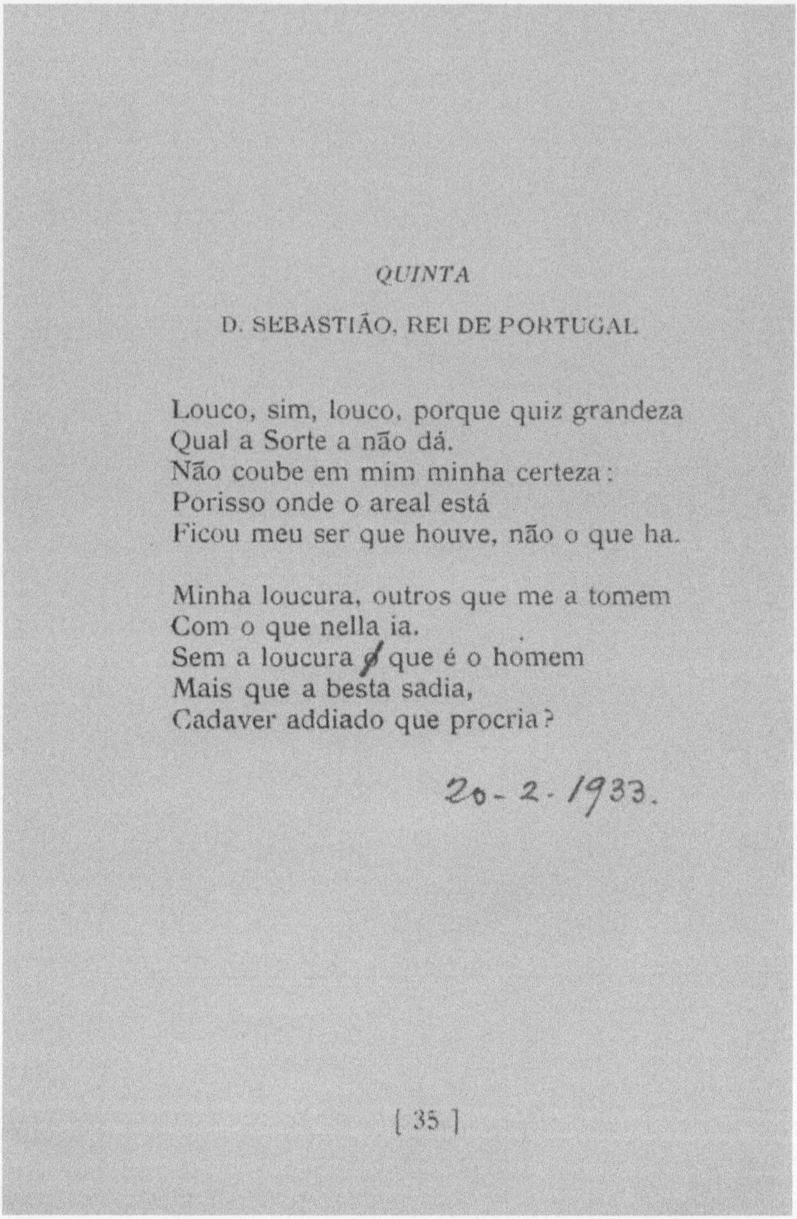

QUINTA

D. SEBASTIÃO, REI DE PORTUGAL

Louco, sim, louco, porque quiz grandeza
Qual a Sorte a não dá.
Não coube em mim minha certeza:
Porisso onde o areal está
Ficou meu ser que houve, não o que ha.

Minha loucura, outros que me a tomem
Com o que nella ia.
Sem a loucura que é o homem
Mais que a besta sadia,
Cadaver addiado que procria?

20-2-1933.

[35]

Imagem 11: Impressão de "D. Sebastião, Rei de Portugal", em *Mensagem* (1934), com correção de Fernando Pessoa.

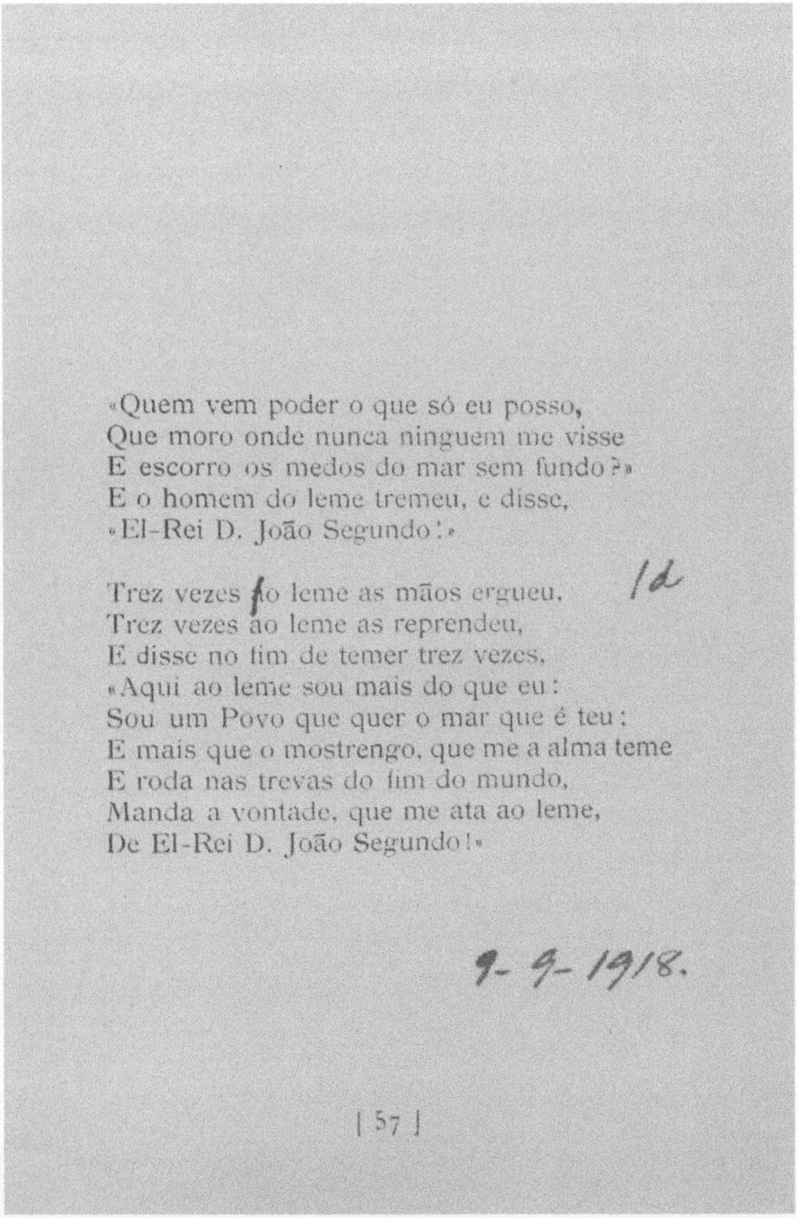

«Quem vem poder o que só eu posso,
Que moro onde nunca ninguem me visse
E escorro os medos do mar sem fundo?»
E o homem do leme tremeu, e disse,
«El-Rei D. João Segundo!»

Trez vezes ao leme as mãos ergueu,
Trez vezes ao leme as reprendeu,
E disse no fim de temer trez vezes,
«Aqui ao leme sou mais do que eu:
Sou um Povo que quer o mar que é teu;
E mais que o mostrengo, que me a alma teme
E roda nas trevas do fim do mundo,
Manda a vontade, que me ata ao leme,
De El-Rei D. João Segundo!»

9-9-1918.

[57]

Imagem 12: Impressão de "O mostrengo",
em *Mensagem* (1934), com correção de Fernando Pessoa.

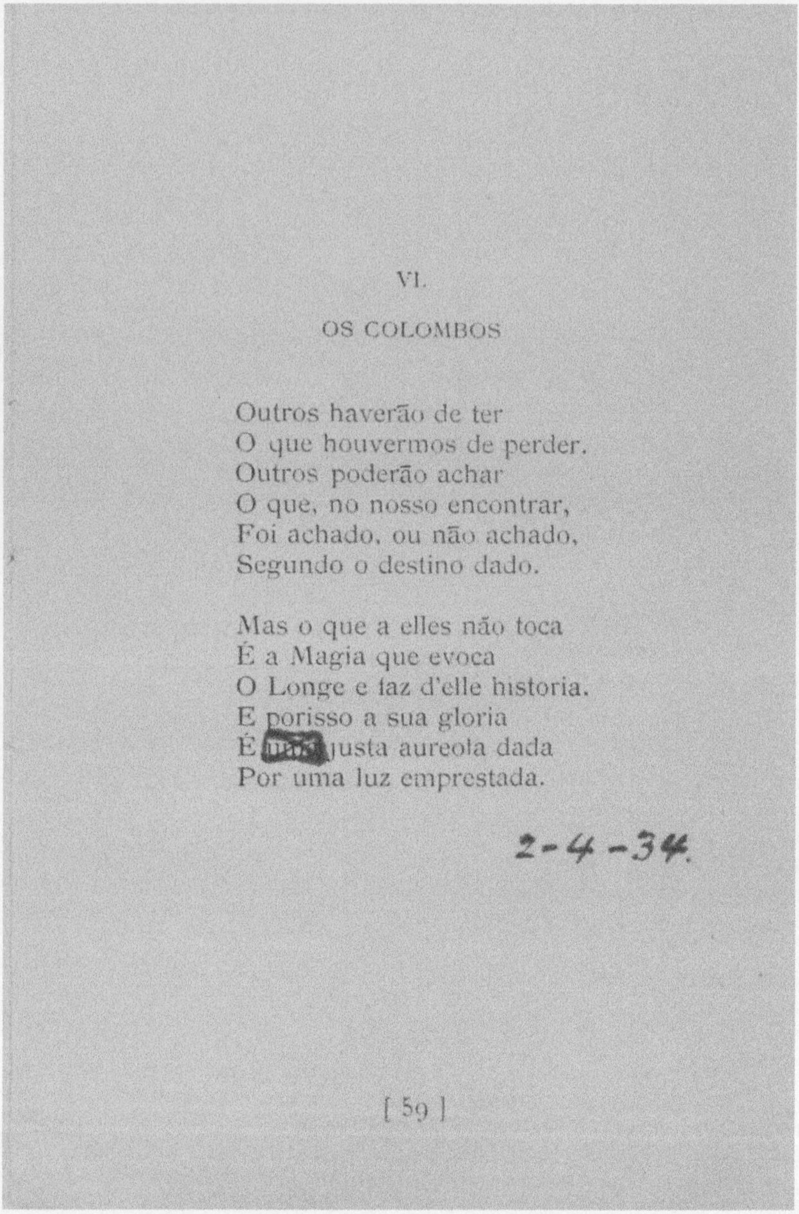

VI.

OS COLOMBOS

Outros haverão de ter
O que houvermos de perder.
Outros poderão achar
O que, no nosso encontrar,
Foi achado, ou não achado,
Segundo o destino dado.

Mas o que a elles não toca
É a Magia que evoca
O Longe e faz d'elle historia.
E porisso a sua gloria
É ~~mais~~ justa aureola dada
Por uma luz emprestada.

2-4-34.

[59]

Imagem 13: Impressão de “Os colombos”,
em *Mensagem* (1934), com correção de Fernando Pessoa.

Fotografia de Fernando Pessoa, datada de 1914, cerca de um ano após a composição de "Gladio".

Última fotografia de Fernando Pessoa, datada de 1935.

✠ Cronologia dos poemas de *Mensagem*

1913 *julho · 1 poema*
"D. Fernando, Infante de Portugal" ("Gladio") · 21-7-1913

1918 *setembro · 2 poemas*
"O mostrengo" · 9-9-1918
"Padrão" · 13-9-1918

1921-1922 *dezembro/janeiro · 2 poemas*
"Prece" · 31-12-1921–1-1-1922
"Ascensão de Vasco da Gama" · 10-1-1922

1928 *setembro/dezembro · 11 poemas*
"D. Tareja" · 24-9-1928
"D. Philippa de Lencastre" · 26-9-1928
"D. Duarte, Rei de Portugal" · 26-9-1928
"O Infante D. Henrique" · 26-9-1928
"D. João o Segundo" · 26-9-1928
"Affonso de Albuquerque" · 26-9-1928
"O dos castellos" · 8-12-1928
"O das quinas" · 8-12-1928
"Nunalvares Pereira" · 8-12-1928
"Screvo meu livro à beira-magua" · 10-12-1928
"Nevoeiro" · 10-12-1928

1929 *julho · 1 poema*
"Antonio Vieira" · 31-7-1929

1930 *março · 2 poemas*
"D. João, Infante de Portugal" · 28-3-1930
"O Bandarra" · 28-3-1930

1933 *fevereiro/ julho · 4 poemas*
"D. Sebastião, Rei de Portugal" · 20-2-1933
"O Quinto Imperio" · 21-2-1933
"O Encoberto" · 21-2-1933/ 11-2-1934
"Antemanhã" · 8-7-1933

1934 *janeiro/ fevereiro/ março/ abril · 10 poemas*
"O Desejado" · 18-1-1934
"Viriato" · 22-1-1934
"D. Diniz" · 9-2-1934
"O Encoberto" · 21-2-1933/ 11-02-1934
"D. João o Primeiro" · 12-2-1934
"D. Pedro, Regente de Portugal" · 15-2-1934
"Calma" · 15-2-1934
"Tormenta" · 26-2-1934
"As ilhas afortunadas" · 26-3-1934
"Os colombos" · 2-4-1934

POEMAS SEM DATA · *12 poemas*
"Ulysses"
"O Conde D. Henrique"
"D. Affonso Henriques"
"O infante"
"Horizonte"
"Epitaphio de Bartholomeu Dias"
"Occidente"
"Fernão de Magalhães"
"Mar portuguez"
"A ultima nau"
"D. Sebastião"
"Noite"

ORDENAÇÃO EM *MENSAGEM*
"O dos castellos" · 8-12-1928
"O das quinas" · 8-12-1928
"Ulysses" · s/d
"Viriato" · 22-1-1934
"O Conde D. Henrique" · s/d

"D. Tareja" · 24-9-1928
"D. Affonso Henriques" · s/d
"D. Diniz" · 9-2-1934
"D. João o Primeiro" · 12-2-1934
"D. Philippa de Lencastre" · 26-9-1928
"D. Duarte, Rei de Portugal" · 26-9-1928
"D. Fernando, Infante de Portugal" · 21-7-1913
"D. Pedro, Regente de Portugal" · 15-2-1934
"D. João, Infante de Portugal" · 28-3-1930
"D. Sebastião, Rei de Portugal" · 20-2-1933
"Nunalvares Pereira" · 8-12-1928
"O Infante D. Henrique" · 26-9-1928
"D. João o Segundo" · 26-9-1928
"Affonso de Albuquerque" · 26-9-1928
"O infante" · s/d
"Horizonte" · s/d
"Padrão" · 13-9-1918
"O mostrengo" · 9-9-1918
"Epitaphio de Bartholomeu Dias" · s/d
"Os colombos" · 2-4-1934
"Occidente" · s/d
"Fernão de Magalhães" · s/d
"Ascensão de Vasco da Gama" · 10-1-1922
"Mar portuguez" · s/d
"A ultima nau" · s/d
"Prece" · 31-12-1921/ 1-1-1922
"D. Sebastião" · s/d
"O Quinto Imperio" · 21-2-1933
"O Desejado" · 18-1-1934
"As ilhas afortunadas" · 26-3-1934
"O Encoberto" · 21-2-1933/11-2-1934
"O Bandarra" · 28-3-1930
"Antonio Vieira" · 31-7-1929
"Screvo meu livro à beira-magua" · 10-12-1928
"Noite" · s/d
"Tormenta" · 26-2-1934
"Calma" · 15-2-1934
"Antemanhã" · 8-7-1933
"Nevoeiro" · 10-12-1928

Vultos históricos de *Mensagem*

Dispostos segundo a ordem em que aparecem nos poemas

Viriato

(SÉC. II A.C.-139 A.C.)

Nascido possivelmente na região de Estremadura, entre o Tejo e o Douro, e então residindo em Mona Herminius (hoje Serra da Estrela), Viriato assume, em 147 a.C., a liderança dos lusitanos, povo ibérico do século II a.C., envolvido desde 193 a.C. em sangrenta guerra de resistência à invasão romana da Península Ibérica. Com acentuada violência, os combates intensificar-se-iam até ao período de máxima resistência lusitana, compreendido entre 154 a.C. e 136 a.C., tempo em que sucederam inúmeras vitórias dos lusitanos, às quais Viriato fez jus ao epíteto "Aníbal Bárbaro". Veio a ser assassinado em traição, enquanto dormia em sua tenda, por Audax, Ditalkon e Minuros, que considerava grandes amigos, mas que haviam sido subornados por Servílio, cônsul romano na região. Diodoro descreve as exéquias de Viriato nos seguintes termos:

"O cadáver, magnificamente vestido, foi queimado numa alta pira, onde imolaram numerosas vítimas, enquanto os soldados, tanto infantes como cavaleiros, corriam em volta, formados, empunhando as armas e cantando, à maneira bárbara, as suas glórias em honra do herói. Por fim, duzentos pares de guerreiros efetuaram simulacros de combates e não abandonaram o local enquanto o fogo se não extinguiu por completo".[1]

1. Apud SERRÃO, Joel (org.). *Dicionário de História de Portugal*. 4 vol. Porto: Figueirinhas, 1971.

O Conde D. Henrique

(CA.1065-1112)

Nasce na França em meados do século XI. Quarto filho de Henrique de Borgonha e sobrinho da Rainha Constança de Leão, representa a primeira presença cristã no território atual português. A primeira referência a seu respeito data de 1072; a segunda é de 1082, época em que devia ser ainda muito jovem, a julgar pelo adjetivo *puer* aposto a seu nome. Acredita-se que andasse pela casa dos trinta anos em 1095, quando aparece casado com D. Tareja, filha bastarda de Afonso VI de Castela. Deste período, portanto, data o primeiro registro oficial de sua presença na Península Ibérica. Em 18 de abril do mesmo ano, aparece registrado como duque de Coimbra e, em 1096, como senhor de Braga, tendo talvez participado da Primeira Cruzada (1096-1099). Em 9 de dezembro de 1097, em Santiago de Compostela, intitula-se Conde de Portucale. Entre 1101 e 1103 afasta-se de seu Condado e acredita-se que tenha feito uma viagem a Jerusalém, de onde retornará apenas em 1104. Por volta de 1109 torna a deixar Portucale, atravessa os Pireneus, é preso por motivo desconhecido e reaparece, lutando ao lado de Afonso de Aragão na Reconquista da Península Ibérica. Em 1112, morre em Astorga e é sepultado em Braga, deixando como seu sucessor no Condado Portucalense seu filho, D. Affonso Henriques.

D. Tareja

(CA.1080-1130)

Filha bastarda de Afonso VI de Leão e Castela, casa-se, provavelmente em fins de 1095, com Henrique de Borgonha, então duque de Coimbra, futuro Conde de Portucale, com quem vive os primeiros anos em Toledo. Após a morte do marido, em 1112, toma o governo do Condado Portucalense e dirige-se a Astorga, iniciando uma intensa atividade política na Península Ibérica, o que comprova seu caráter vivamente empreendedor. É nessa época que deixa seu filho, Affonso Henriques, futuro rei de Portugal, aos cuidados de terceiros. Em 1117 já está de volta ao Condado, onde, por volta de 1121, inicia uma relação conjugal com Fernão Perez de Trava. Alguns autores acreditam que D. Tareja e D. Fernão Perez tenham chegado a consumar o casamento; outros afirmam que Fernão Perez já era casado e que sua mulher viria a falecer apenas em 1142, doze anos após a morte de D. Tareja. O fato é que Perez de Trava passou a atuar como soberano no território deixado pelo Conde D. Henrique. Uma série de acontecimentos políticos levaram os barões portucalenses a buscar no jovem Affonso Henriques um substituto legítimo para Fernão Perez e, consequentemente, para D. Tareja. Inicia-se assim a disputa territorial entre mãe e filho: aquela, apoiada pelos cavaleiros da região sul do Condado; este, com o apoio das terras do norte. Finalmente em 24 de junho de 1128, na batalha de São Mamede, D. Affonso Henriques torna-se soberano do Condado Portucalense, tendo desbaratado as tropas partidárias de sua mãe. D. Tareja é então exilada para a Galiza, onde vem a morrer dois anos depois, com cerca de cinquenta anos. Reza a lenda que "se a história se contenta com o triste espetáculo do filho condenando ao exílio aquela que o gerou, a tradição carrega as tintas do quadro, pintando-nos a desditosa viúva do Conde D. Henrique a arrastar grilhões no fundo de um calabouço"[2], a mando de D. Affonso Henriques, em nome da manutenção da soberania do então recém-criado reino de Portugal.

2. HERCULANO, Alexandre. "O Bispo Negro (1130)". In: *Lendas e narrativas*. Edição definitiva conforme com as edições da vida do auctor, dirigida por David Lopes. 22ª ed. Lisboa: Bertrand/ Francisco Alves, s.d., tomo II, p. 58.

D. Affonso Henriques

(CA.1109-1185)

Filho do Conde D. Henrique, tem cerca de três anos de idade quando acontece a morte de seu pai. Nasce provavelmente em fins de 1108 ou no início do ano seguinte, na fortaleza de Coimbra. D. Tareja parte em 1110 para Aragão, onde se encontrava seu marido, D. Henrique, deixando Affonso Henriques sob os cuidados de Soeiro Mendes e sua mulher, senhores de Ave. Cresce em Coimbra ou Guimarães, onde vive até 1128, quando assume o Condado Portucalense. Todavia, já em 1120, a conselho de D. Paio Mendes, arcebispo de Braga, toma posição política oposta à de sua mãe, o que lhe acarreta um breve exílio. Provavelmente na antiga Catedral de Zamora (Espanha), a 14 de maio de 1122 (Dia de Pentecostes), com cerca de treze anos de idade, arma-se cavaleiro pelas próprias mãos e, pouco tempo depois, torna a suas terras. Em setembro de 1127, Afonso VII, Rei de Leão e Castela, invade o Condado Portucalense e cerca o Castelo de Guimarães, onde se encontra Affonso Henriques, que lhe jura fidelidade. Diante do juramento, Afonso VII desiste da tomada da fortaleza e segue ao encontro de D. Tareja. As relações, todavia, ficam delicadas e, em 24 de junho de 1128, no Campo de São Mamede, é travada uma batalha entre Afonso VII e Affonso Henriques, que esmaga as hostes de seu adversário e toma definitivamente o governo do Condado Portucalense, retomando a política religiosa que se iniciara com o Conde D. Henrique, seu pai, da qual resulta a fundação, em 1131, do Mosteiro da Santa Cruz de Coimbra, subordinado diretamente ao Vaticano. Após novos conflitos com Afonso VII, findados apenas com a interferência de Afonso I de Aragão, Affonso Henriques pode voltar sua atenção à fronteira meridional de seu Condado, fundando, em 1135, o Castelo de Leiria, de suma importância para a chamada Reconquista contra os muçulmanos. Estes, aproveitando-se de mais uma investida de Affonso Henriques à fronteira setentrional do Condado, apoiada pelo Rei de Navarra, em 1136, dizimam o contingente da recém-fundada fortificação. É neste momento que Affonso Henriques, amparado por seu outrora oponente Afonso VII, já então Imperador da Espanha, volta-se definitivamente à guerra contra os mouros. Em 1139, dá-se a batalha de Ourique, da qual Affonso Henriques sai vencedor, elevando o Condado Portucalense à estatura de reino de Portugal, a cujo trono subirá em 1140 e nele permanecerá durante quarenta e cinco anos, até sua morte, em 1185, como El-Rei D. Afonso I de Portugal, fundador da Dinastia de Borgonha. Após a batalha de Ourique, Affonso Henriques continua sua marcha rumo à fronteira meridional de Portugal, estendendo-a com a reconquista de Santarém e, subsequentemente, de Lisboa, tomada definitivamente, com a ajuda dos Cruzados, em 24 de outubro de 1147, com a rendição dos mouros. Sobre este episódio, José Saramago escreveu o romance *História do cerco de Lisboa*. Em 6 de dezembro de 1185, morre D. Affonso Henriques, sendo sepultado na Igreja de Santa Cruz de Coimbra.

D. Diniz

(1261-1325)

Sexto rei de Portugal, é filho de D. Afonso III, o Bolonhês, e de D. Beatriz, bastarda de Afonso X de Castela. Em 1279 é aclamado em Lisboa, iniciando um próspero reinado de quarenta e seis anos, durante os quais Portugal conhecerá um progresso político e cultural jamais visto até então. A partir de 1282, toma uma série de medidas no sentido de fortalecer e centralizar o poder monárquico. Negocia com o Vaticano desde sua subida ao trono, estabelecendo com a Santa Sé uma série de acordos, com o intuito de assegurar a soberania do reino. É no reinado de D. Diniz que ocorre o maior impulso à formação da cultura em Portugal, com a ordenação do uso exclusivo da língua portuguesa (ou galego-portuguesa) nos documentos oficiais. Em 1286, promove o ensino da Teologia em Lisboa; e, em 1290, funda a primeira universidade de Portugal (hoje Universidade de Coimbra), na qual passam a ser estudadas Artes, Leis e Medicina. Concede aos estudantes diversos privilégios, com o objetivo de estimular a educação. Neto de El-Rei de Castela, D. Afonso X, o Sábio, trovador das cantigas de Santa Maria, e sobrinho-neto de D. Gil Sanches – filho bastardo de D. Sancho I com Maria Pais, a Ribeirinha, e autor de uma cantiga de amigo conservada no *Cancioneiro da Biblioteca Nacional* –, D. Diniz notabilizar-se-á como o mais fecundo trovador português de todos os tempos, deixando um cancioneiro com cerca de cento e trinta e sete textos, dos quais cinquenta e um são cantigas de amigo (ou "cantares de amigo", como os designa Pessoa no poema dedicado a este rei). Seus filhos bastardos, Afonso Sanches e D. Pedro, conde de Barcelos, tornar-se-ão também trovadores. Seu sucessor no trono português, D. Afonso IV, filho da Rainha Santa Isabel, virá a ser herói na batalha do Salado, pai de Pedro I de Portugal e algoz de Inês de Castro. A partir de 1293, D. Diniz confirma o auxílio financeiro aos mercadores do reino, dá a várias povoações privilégios e isenções fiscais, protege a exportação de produtos agrícolas, institui a Marinha portuguesa e organiza a distribuição das terras, promovendo uma espécie de reforma agrária. Manda enxugar o paul de Ulmar, inicia o plantio de arvoredos para contenção de torrentes e ordena a plantação dos pinhais de Leiria. Em 1319 (ou 1318), D. Diniz acolhe em Portugal os então perseguidos Templários, transformando-os em Cavaleiros da Ordem de Cristo. Segundo Pessoa: "Disfarçou-a [a Ordem dos Cavaleiros do Templo] D. Diniz em Portugal. [...] Ao centro da cruz rubra da Ordem de Christo abriu-se um espaço branco em cruz também, para signal, como espaço, de que para além havia outra cousa; para signal, como branco, da innocencia crucificada dos Templários".[3] Morre em 1325.

---

3. Espólio pessoano 54-46, apud CENTENO, Y. K. "A Ordem do Templo, a Ordem de Cristo e a Terceira Ordem de Portugal". In: *Fernando Pessoa: Os trezentos e outros ensaios*. Lisboa: Presença, 1988, p. 114.

D. João o Primeiro

(1357-1433)

Décimo rei de Portugal e fundador da Dinastia de Avis, filho bastardo do Rei D. Pedro I e Teresa Lourenço, nasce em Lisboa em 11 de abril de 1357. Em 1363, aos seis anos de idade, recebe o título de Mestre de Avis, no Alentejo, onde passa a residir. Ainda jovem, faz voto de castidade, comprometido que estava com sua educação eclesiástica. Com cerca de dezenove anos, passa a frequentar a casa do então rei de Portugal, D. Fernando, filho legítimo de D. Pedro, portanto seu meio-irmão, que sucedera ao pai no trono quando ocorreu sua morte em 1367. Em 1382, todavia, D. Fernando manda prendê-lo no Castelo de Évora, provavelmente devido ao risco que D. João representava à integridade física da Rainha Leonor Teles, "a aleivosa" no dizer de Fernão Lopes, já então associada ao Conde de Andeiro, a cuja relação D. Fernando possivelmente faria vista grossa. Temendo pela própria vida, D. João pede ao Conde de Cambridge, à época chefe dos exércitos ingleses em Portugal, que interfira junto a D. Fernando por sua soltura, o que acaba ocorrendo. Em 22 de outubro 1383, morre D. Fernando. O Mestre de Avis segue, então, para Lisboa, onde participará das exéquias do irmão, quando é encarregado de preparar a defesa do reino contra um eventual ataque de Castela. Com a morte do marido, Leonor Teles assume a regência de Portugal por tempo indeterminado. Todavia, logo se arma uma revolta da oposição, que resultará no assassinato do Conde de Andeiro, em 6 de dezembro de 1383, executado provavelmente pelas mãos do Mestre de Avis, que, a partir de então, passa a regedor e defensor do reino. Logo se iniciam sucessivas invasões castelhanas a Portugal, que culminariam na célebre batalha de Aljubarrota, travada em 14 de agosto de 1385. Apesar do contingente de Castela ser numericamente muito maior do que o português, este acabou por derrotar o invasor. A vitória de Portugal deve muito à coragem e à inteligência de Nunalvares Pereira e João das Regras. Em fevereiro de 1387, no Porto, o então Rei D. João I de Portugal casa-se com D. Philippa de Lencastre, sobrinha do Conde de Cambridge e neta de Eduardo III de Inglaterra. Morre em Lisboa, em 14 de agosto de 1433, deixando D. Duarte como seu sucessor.

D. Philippa de Lencastre

(1360-1415)

De origem inglesa, foi rainha de Portugal e mulher de D. João I. Filha de D. João Gaunt e D. Branca, Duque e Duquesa de Lencastre, em 1386, aos 26 anos, embarca com o pai para Castela. Prometida ao então novo soberano de Portugal, aliado de seu pai na batalha de Aljubarrota (1385), casa-se com D. João I, no Porto, em 2 de fevereiro de 1387. De 1388 a 1402, dos 27 aos 42 anos, dá à luz, sucessivamente, D. Branca, D. Afonso, D. Duarte (futuro rei de Portugal, sucessor de D. João I), D. Pedro (Regente de Portugal), D. Henrique (Infante de Portugal, criador da Escola de Sagres), D. Isabel, D. João (Infante de Portugal) e D. Fernando (o Infante Santo de Portugal). Matriarca da chamada "Ínclita Geração" de Portugal (*Lus.*, IV, 50), irmã de Henrique IV, Rei da Inglaterra (1399-1413), era extremamente religiosa e intolerante com a presença de "infiéis" na região de Portugal. Nesse sentido, parece ter exercido considerável influência política nas decisões do marido. Morre de peste às vésperas da partida da frota expedicionária para Ceuta. Em 1416, seus restos mortais são trasladados para o Mosteiro da Batalha, mandado construir por D. João I, em comemoração à vitória em Aljubarrota. Sobre a construção deste mosteiro, há uma célebre narrativa de Alexandre Herculano, "A abóbada", publicada em suas *Lendas e narrativas*.

D. Duarte, Rei de Portugal

(1391-1438)

Décimo primeiro rei de Portugal, filho de D. João I e de D. Philippa de Lencastre, nasce em Viseu em 31 de outubro de 1391. Ainda infante, assina cartas régias de 1431 e 1432, em nome do pai. Assume o trono em 1433. No ano seguinte, faz-se com sucesso, pela primeira vez, a travessia do cabo Bojador. Em 8 de setembro de 1436, chega à corte portuguesa a bula papal que permite a D. Duarte realizar a expedição a Tânger, que irá ocorrer em outubro de 1437, com derrota para as forças portuguesas, que se veem forçadas a retirar, deixando como refém o Infante D. Fernando. Os mouros estabelecem como resgate a entrega de Ceuta, pertencente a Portugal desde 1415. D. Duarte, sentindo-se responsável pelo cativeiro do irmão, está decidido a resgatá-lo. O Infante D. Henrique, no entanto, opõe-se à entrega de Ceuta, sob o argumento de que esta seria já, mais que um patrimônio português, um patrimônio cristão. Morre em Tomar, em 9 de setembro de 1438.

D. Fernando, Infante de Portugal

(1402-1443)

Oitavo e último filho de El-Rei D. João I e da Rainha D. Philippa de Lencastre, nasceu em Santarém. Dele, Frei João Álvares, seu confessor, escreveu a *Chronica do Iffante Sancto Dom Fernando*, obra na qual o biógrafo concentra seu relato na última década de vida do Infante. Sabe-se que manteve relações epistolares com D. Afonso V, Rei de Aragão, e que foi testemunha do contrato de casamento de seu irmão, D. Duarte, com D. Leonor, filha daquele rei, celebrado em Coimbra em 1428. Durante o reinado de D. Duarte, torna-se mestre de Avis, título que pertencera a D. João I, pai de ambos. Em 1437, acompanha seu irmão, D. Henrique (Infante de Portugal), como comandante na expedição a Tânger, onde é preso. Em troca de sua soltura, exigem seus algozes a entrega de Ceuta. Os ministros do então Rei D. Duarte opõem-se todavia à negociação. É neste momento que se inicia seu martírio e se consagra seu epíteto de Infante Santo. O príncipe prisioneiro é transferido para Arzila e depois para Fez, onde vem a morrer, em trágicas condições, em 5 de julho de 1443. Segundo reza a lenda formada em torno de seu vulto histórico, regozija-se D. Fernando, profundamente católico, de que seu martírio represente a manutenção da soberania portuguesa em Ceuta.

D. Pedro, Regente de Portugal

(1392-1449)

Duque de Coimbra e senhor de Montemor e Aveiro, quarto filho de D. João I e de D. Philippa de Lencastre, nasce em Lisboa em 9 de dezembro de 1392. É um dos comandantes da conquista de Ceuta, para a qual havia levantado tropas na Estremadura, Alentejo e Algarve. Entre 1425 e 1428 percorre a Europa, passando pela Hungria, onde lutou ao lado do Imperador Sigismundo; conhece Barcelona, Veneza, Pádua, Ferrara e Roma, onde é recebido pelo papa Martinho V; vai a Flandres, Inglaterra e Castela, tornando-se conhecido como o Príncipe das Sete Partidas. Em 1429 casa-se com D. Isabel, da casa de Aragão, de cuja união nascem D. Pedro, que viria a ser rei de Barcelona, D. Isabel, futura rainha de Portugal, e mais quatro filhos: D. Jaime, D. João, D. Brites e D. Filipa. Em 1436 é contrário à expedição a Tânger e, posteriormente, vota pela entrega de Ceuta. Em 1439, em decorrência da morte de seu irmão D. Duarte no ano anterior, torna-se regente de Portugal, cargo que ocupa até 1446, quando D. Afonso V, o Africano, atinge os catorze anos de idade. Continua, todavia, auxiliando na administração do reino até 1448, quando se retira para suas terras em Coimbra. Durante este período, no entanto, talvez por ser voto vencido, não entrega Ceuta como resgate do Infante D. Fernando. Em 1443 concede a D. Henrique o monopólio da navegação, guerra e comércio das terras para além do cabo Bojador. É durante seu governo que Antão Gonçalves parte à procura das Índias e do Preste João. Em 1446 faz publicar as *Ordenações Afonsinas*, primeiro Código Civil português. Vítima de intrigas que o acusavam de haver mandado assassinar a Rainha D. Leonor, mãe de Afonso V, o qual facilmente se deixa convencer da culpa do tio, D. Pedro vem a morrer em 20 de maio de 1449, na batalha de Alfarrobeira, a mando do próprio sobrinho.

D. João, Infante de Portugal

(1400-1442)

Sétimo filho de D. João I e de D. Philippa de Lencastre, nasce em Santarém em 13 de janeiro de 1400. Ainda muito jovem, não toma parte na conquista de Ceuta. Em 8 de outubro de 1418 é nomeado 10° administrador da Ordem Militar de Santiago da Espada. Em 1424, casa-se com sua sobrinha D. Isabel, filha do seu meio-irmão D. Afonso, bastardo de D. João I. Não será absurdo afirmar que o Infante D. João oscila entre a obediência à vontade do irmão D. Duarte e uma quase velada discordância em relação à tomada de Tânger. Em 1438, alia-se a D. Pedro, a favor da entrega de Ceuta em troca da libertação de D. Fernando. Morre em Alcácer do Sal, em 18 de outubro de 1442.

D. Sebastião, Rei de Portugal

(1554-1578)

Décimo sexto rei de Portugal, sétimo e último da Dinastia de Avis, filho do príncipe D. João e de D. Joana de Áustria, nasce em Lisboa em 20 de janeiro de 1554. Sucede a seu avô, D. João III, em decorrência da morte de seu pai vinte dias antes de seu nascimento, o que lhe conferirá o epíteto de o Desejado, uma de suas designações em *Mensagem*. Assumido o trono em 16 de junho de 1557, aos três anos de idade, portanto, vem a ser coroado em 20 de janeiro de 1568, ao completar catorze anos. De 1557 a 1568, cabe à Rainha Dona Catarina, viúva de D. João III, a regência de Portugal e a tutoria do neto, D. Sebastião. A pedido do Cardeal D. Henrique, seu cunhado e, portanto, tio-avô do rei, solicita autorização papal para a fundação de uma universidade em Évora, cuja direção é entregue aos jesuítas em 1º de novembro de 1559. Em 1562, D. Catarina renuncia à regência, que passa a D. Henrique, mas continua como tutora do rei. A educação de D. Sebastião esteve sob a responsabilidade do padre jesuíta Luís Gonçalves da Câmara. O jovem rei, pouco dado às letras, mostra-se desde cedo inclinado à guerra e ao messianismo jesuítico, a ponto de assistir com entusiasmo aos autos de fé de seu tempo. Muitas noivas lhe são apresentadas; nenhuma, contudo, lhe desperta o interesse, de modo que virá a morrer sem se casar e sem deixar herdeiros. Em 1572, Luís de Camões publica sua epopeia, *Os Lusíadas*, dedicada ao então jovem rei de Portugal. Em 24 de junho de 1578, D. Sebastião deixa o Tejo com uma numerosa esquadra, disposto a alargar a fé católica e o império português por meio das armas, levando consigo a espada e o escudo de D. Affonso Henriques, conservados até aquele momento no Mosteiro de Santa Cruz. Ao desembarcar na África, com um contingente de quase dois mil combatentes, contrariando seus conselheiros, toma a decisão de marchar por terra até Alcácer-Quibir, onde é derrotado e morto em 4 de agosto de 1578. Em 1580, Portugal cai no domínio espanhol sob o qual permanecerá até 1640. As circunstâncias da morte de D. Sebastião, cuja verdadeira história foi ignorada pelo Portugal quinhentista, levaram à mitificação popular do rei morto em batalha santa, transformando-o em uma lendária figura, a representar a esperança então perdida. É esta a gênese do chamado Sebastianismo, que viria a conferir a D. Sebastião o epíteto de *O Encoberto*, título da última parte de *Mensagem*.

Nunalvares Pereira

(1360-1431)

De ascendência fidalga, filho do prior da Ordem do Hospital, Álvaro Gonçalves Pereira, nasce em 24 de junho de 1360. Quando acontece a morte de D. Fernando (1383), coloca-se imediatamente ao lado do Mestre de Avis em nome da soberania portuguesa, vindo a ser o maior homem de armas da batalha de Aljubarrota, nomeado então Condestável de Portugal. Em 1423, após a morte de sua mulher, Leonor de Alvim, ingressa na Ordem dos Carmelitas. Reza a lenda, todavia, que, por baixo do hábito de frade, Nunalvares jamais deixou de vestir sua cota de malhas, sempre disposto a defender Portugal. Exemplo de virtudes místico-nacionalistas, é um dos maiores vultos da história portuguesa, sobre quem se escreveu a notória *Crônica do Condestabre*. Em 1º de novembro de 1431, morre em Lisboa, no Convento do Carmo, que havia mandado edificar. Em 1918, é beatificado pelo Vaticano.

O Infante D. Henrique

(1394-1460)

Quinto filho de D. João I e de D. Philippa de Lencastre, nasce no Porto em 4 de janeiro de 1394. Em 1415, retorna como herói da Conquista de Ceuta, da qual havia sido um dos maiores incentivadores, recebe o título de Duque de Viseu e Senhor de Covilhã, e é armado Cavaleiro da Ordem de Cristo, instituída quase um século antes por D. Diniz para acolher os Templários então perseguidos pela Igreja. Em 1419, funda uma vila em Sagres, então conhecida como Vila do Infante, onde se teria estabelecido a notória Escola de Sagres. Em 1420, é nomeado grão-mestre da Ordem de Cristo, posto que irá conservar até ao fim de sua vida. Dispondo dos recursos desta ordem para aplicar nas empresas de expansão marítima, D. Henrique torna-se o maior impulsionador das navegações de seu tempo, recebendo o epíteto de o Navegador. A 12 de outubro de 1431, faz uma doação à universidade, com o objetivo de que se instituísse nela o estudo das ciências; a 25 de março de 1448 faz nova doação, esta destinada à cadeira de Teologia. Morre em Sagres, a 13 de novembro de 1460. Seu corpo é depositado na Igreja de Lagos e, em 1461, trasladado para o Mosteiro da Batalha.

D. João o Segundo

(1455-1495)

Décimo terceiro rei de Portugal, quarto da Dinastia de Avis, filho de D. Afonso V, o Africano, e D. Isabel, neto de D. Duarte, nasce em Lisboa, a 5 de maio de 1455. Em 1464, assume a regência de Portugal, durante a ausência do pai na campanha de Marrocos. Em 1471, acompanha o então Rei Afonso V na conquista de Arzila. Em 16 de setembro de 1473, em Lisboa, assina o contrato matrimonial com a princesa D. Leonor. A partir de 1474 passa a dirigir a política naval portuguesa, com notável mérito. Dentre seu feitos deste período, destaca-se a eficiente política de preservação do golfo da Guiné. Nos anos seguintes, assume novamente a regência de Portugal. Em 27 de setembro de 1477, com o consentimento do monarca, é aclamado rei de Portugal. Pouco tempo depois, regressa da França D. Afonso V e retoma o trono, que o deterá até sua morte, em 1481. Em 6 de março de 1480, firma o tratado de Toledo, que defende os direitos de Portugal no continente africano, e, com esse propósito, governa, de 1481 a 1485, com mãos de ferro, chegando a sentenciar nobres à prisão perpétua ou à execução pública. Em 1485, promulga a célebre ordenação que modifica as armas do reino, arredondando o escudo e retirando deste as terminações da Cruz de Avis. Sua divisa, um pelicano, como se sabe, aparecerá na portada da edição *princeps* d'*Os Lusíadas*. É D. João II o patrocinador de notórios navegantes, como Diogo Cão e Bartolomeu Dias. A viagem de Colombo obriga-o a desviar sua atenção para o Atlântico Ocidental e mandar D. Francisco de Almeida tomar posse das novas terras americanas. Após sucessivas negociações, assina o Tratado de Tordesilhas em 7 de junho de 1494. Em 29 de setembro de 1495, redige seu testamento, no qual, em decorrência da morte prematura do príncipe D. Afonso, seu único filho legítimo, nomeia como herdeiro da coroa seu primo e cunhado D. Manuel, o Venturoso. Morre em Alvor, em 25 de outubro de 1495.

Affonso de Albuquerque

(ca.1462-1515)

Nasce durante o reinado de D. Afonso V –1448-1481 –, décimo segundo rei de Portugal, pertencente à Dinastia de Avis. Serve na guarda de D. João II, herdeiro da coroa de D. Afonso V. Em 1503, já comandante de uma frota de naus, é enviado à Índia a mando de D. Manuel, filho adotivo de D. João II, a quem sucedera no trono em 1495. Regressa em 1504 a Portugal, de onde parte novamente ao Oriente em 1506, com a missão de empreender uma cruzada para a reconquista da Terra Santa. Durante a viagem, toma a rica cidade de Ormuz. Chega à Índia em 1508 com um documento régio, nomeando-o vice-rei, cargo a que ascenderá apenas em 1509. Em 1510, perde aos mouros o domínio de Goa, mas reconquista-o definitivamente em novembro do mesmo ano. Em 1511, parte para o Extremo Oriente e conquista a cidade de Malaca, onde funda uma fortaleza. De 1512 a 1514, diplomata e estrategista, administra as colônias portuguesas no Oriente. Vítima de intrigas na corte, é substituído no cargo de vice-rei da Índia por Lopo Soares, seu inimigo. Ao tomar conhecimento do golpe, profere a célebre sentença: "Mal com El-Rei por amor dos homens, e mal com os homens por amor de El-Rei. Bom é acabar". Muito doente, morre ao desembarcar em Goa em 16 de dezembro 1515. Por justiça, é o mais importante vulto da história de Portugal no Oriente.

Díogo Cão

(segunda metade do séc. XV)

Célebre navegador português em atividade durante o reinado de D. João II, parte de Lisboa na primavera de 1482 para percorrer a costa africana, assinalando-a com dois padrões portugueses. Esta viagem marca o início das relações entre Portugal e o Congo. No outono de 1485, arma nova frota e novamente deixa Portugal, atingindo a serra Parda. Manda, então, firmar outros dois padrões. Como recompensa pelo sucesso de suas expedições, recebe o título de fidalgo e, consequentemente, um brasão.

Bartholomeu Dias

(ca. 1450-1500)

Notório capitão da armada que, em 1488, ainda durante o reinado de D. João II – 1481-1495 –, é a primeira a atingir o Cabo das Tormentas, no extremo meridional da África – tendo partido de Lisboa em agosto do ano anterior, com preciosas informações geográficas provenientes das expedições de Diogo Cão –, Bartholomeu Dias é, portanto, o empreendedor da mais importante viagem para a então futura descoberta do caminho marítimo para as Índias. Morre em alto mar, vítima de naufrágio no Atlântico Sul, em 29 de maio de 1500.

Fernão de Magalhães

(ca.1480-1521)

Vive durante os reinados de D. João II –1481-1485 – e D. Manuel – 1495-1521. Um dos mais notáveis navegadores portugueses do período dos descobrimentos, Fernão de Magalhães concebe e realiza a mais extraordinária viagem de sua época: a primeira circum-navegação da Terra. Fidalgo de "baixos estados" – como aliás viria a ser Luís de Camões (ca.1524-1580) –, aceita como via de ascensão social a vida das armas na África e no Oriente. Alista-se na armada de D. Francisco de Almeida e parte rumo à Índia em 1505, com cerca de vinte e cinco anos, portanto. Permanece durante oito anos no Oriente (Goa, Cochim, Quíloa, Malaca etc.), de onde regressa a Lisboa em 1513. No mesmo ano, poucos meses após sua chegada, embarca novamente em expedição chefiada pelo Duque de Bragança. Seus reiterados sucessos em combate conferem-lhe a nomeação como Quadrilheiro-Mor e nesta função novamente retorna a Portugal. Devido a intrigas palacianas, por duas vezes lhe é negada pelo Rei D. Manuel a justa recompensa por seus feitos no Oriente. Isola-se, então, da corte, dedicando-se sobretudo à arquitetura de seu mais alto projeto, a circum-navegação. Em 1517, fundamentados os seus planos, vai a Sevilha, onde oferece seus serviços ao futuro Carlos I, Rei de Espanha. Com uma esquadra de cinco navios e uma tripulação estimada em duzentos e sessenta e cinco homens, parte em setembro de 1519, rumo ao Ocidente meridional. A 31 de março de 1520, atinge o porto São Julião, no extremo sul da América Latina, à entrada do estreito que veio a ser batizado com seu nome. Naufrágios, deserções, fome, sede e escorbuto dizimam sua tripulação. Determinado, segue viagem com apenas três naus. Iniciando a travessia do Pacífico, atinge as Filipinas em março de 1521. Morre durante uma emboscada em Cebu, onde ancorara depois de já vencidas as mais graves dificuldades da viagem, em 7 de abril. Sua esquadra, reduzida a apenas um navio com dezoito tripulantes, finalmente aporta na Espanha em 6 de setembro de 1522, completando o projeto de seu comandante – "cingir o materno vulto" –, quase um ano e meio após a morte deste.

Vasco da Gama

(CA.1469-1524)

Filho de Estêvão da Gama, nasce em Sines. Ainda durante o reinado de D. João II, é encarregado de diversas empresas marítimas, executando-as com notável êxito. Já sob o governo de D. Manuel é nomeado capitão da armada de descobrimento do caminho marítimo para as Índias. Em 8 de julho de 1497, partem do Tejo as naus S. Gabriel, S. Rafael e a caravela Bérrio, sob o comando de Vasco da Gama, Paulo da Gama e Nicolau Coelho, respectivamente. Em 18 de novembro, dobra o então Cabo das Tormentas e, em 2 de março, chega a Moçambique. Segue por Mombaça, aporta em Melinde, de onde parte com o piloto Ahmad ben Madjid rumo a Calecut. Inicia o retorno a Portugal em 5 de outubro de 1498. Em agosto de 1499, desembarca em Lisboa, onde é nomeado Almirante do mar da Índia. Em 1502, é novamente enviado a Calecut, viagem da qual retornará em 1504, tendo assegurado a hegemonia portuguesa no Índico. Investido do título de vice-rei da Índia, para onde parte no fim do primeiro quartel do século XVI, morre em Cochim, em 24 de dezembro de 1524. Seus restos mortais repousam no Mosteiro dos Jerônimos. É o herói d'*Os Lusíadas*, de Luís de Camões.

Bandarra

(SÉC. XVI)

Nascido em Trancoso nos primeiros anos do século XVI, o sapateiro Gonçalo Anes Bandarra, extremamente religioso, torna-se autor das trovas que vieram difundir o mito do Sebastianismo. Em 1541, é indiciado pelo Santo Ofício, sob a acusação de ser cristão-novo. Acaba por ser absolvido. Falece em meados do século, antes de ver notabilizadas as suas *Trovas*, na década de 1580, como "Evangelho do Sebastianismo". Sobre o Bandarra, afirma Pessoa:

"O verdadeiro patrono do nosso País é esse sapateiro Bandarra. Abandonemos Fátima por Trancoso. Esse humilde sapateiro de Trancoso é um dos mestres da nossa alma nacional, uma das razões de ser da nossa independência, um dos impulsionadores do nosso sentimento imperial. Esse Bandarra é a voz do Povo português, gritando, por cima da defecção dos nobres e dos clérigos, por cima da indiferença dos cautos e dos incautos, a existência sagrada de Portugal. Quando Antonio Vieira quiz basear em qualquer coisa a sua fé natural nos destinos superiores da Pátria, que coisa foi a que encontrou? As profecias desse sapateiro de Trancoso. Amou-as e as comentou o maior artista da nossa terra, o Grão Mestre, que foi, da Ordem Templária de Portugal. O Bandarra, símbolo eterno do que o Povo pensa de Portugal. Que Portugal tome consciência de si mesmo. Que rejeite os elementos estranhos. Ponha de parte Roma e a sua religião. Entregue-se à sua própria alma. Nela encontrará a tradição dos romances de cavalaria, onde passa, próxima ou remota, a Tradição Secreta do Cristianismo, a Sucessão Super-Apostólica, a Demanda do Santo Graal. Todas essas coisas, necessariamente dadas em mistério, representam a verdade íntima da alma, a conversação com os símbolos (...).[4]

---

4. Espólio pessoano 125A – 23/4 [misto] apud PESSOA, Fernando. *Sobre Portugal* – Introdução ao problema nacional. Introdução e organização Joel Serrão. Lisboa: Ática, 1979, p. 177-178.

Antonio Vieira

(1608-1697)

Jesuíta, notável pregador e missionário, estadista, nasce em Lisboa em 1608. A partir dos oito anos de idade, passa a residir no Brasil (Bahia), onde recebe educação dos jesuítas, em cuja ordem ingressa aos quinze anos. Começa seu longo trabalho como pregador no início da década de 1630. Em 1641, retorna a Portugal, onde passa a proferir sermões na Capela Real. Tendo conquistado credibilidade e exercido influência na corte, passa a conselheiro de D. João IV de Portugal, em assuntos relacionados à política, como a iminente guerra com Castela e as invasões holandesas no Brasil e em Angola. Em 1646, 1647 e 1650, como embaixador de Portugal, parte em viagens diplomáticas a Paris, Haia e Roma, respectivamente. A partir de 1643, por meio de documentos oficiais, passa a militar a favor dos cristãos-novos, de que resultará o alvará régio de 1649, que extingue o confisco inquisitorial dos bens de suas vítimas. Estranhamente, todos os projetos políticos de Vieira foram malogrados. Em 1653, retorna ao Brasil, desembarcando em São Luís do Maranhão. Realiza sucessivas missões, atravessando rios a canoa e percorrendo milhares de quilômetros a pé, atingindo mesmo a bacia hidrográfica do rio Amazonas, onde provavelmente redigiu o *Esperanças de Portugal, o Quinto Império do mundo*, tratado em que profetizava a ressurreição de D. João IV, morto em 1657, para cumprir a releitura joanina da profecia sebastianista de Bandarra. Em 1662, está novamente em Portugal, envolvido nas questões políticas da sucessão ao trono. É então enviado ao Porto, mas consegue sua transferência para Coimbra. Em 1663, começa a ser interrogado pelo Santo Ofício a respeito do conteúdo de seus escritos sobre o Quinto Império, vindo a ser encarcerado em 1665 e sentenciado ao silêncio e à reclusão em 1667. Com as mudanças políticas ocorridas neste meio-tempo, sua sentença acaba por não ser cumprida. É então que segue para Roma, de onde retorna a Lisboa, em 1675, com um salvo conduto, isentando-o de prestar contas à Inquisição. Em 1691, novamente no Brasil, intervém na questão do Quilombo dos Palmares. Em 1697 chega a Lisboa a notícia de sua morte.

✠ Ensaios

Cleonice Berardinelli

Os tempos da pátria: Pessoa e a história de Portugal, entre o heroico e o místico[1]

Mensagem, o único volume de versos portugueses organizado e publicado por Fernando Pessoa, apresenta uma estrutura perfeita: cada um de seus elementos tem correlatos necessários e suficientes dentro do plano estabelecido e seguido pelo poeta; apesar de compor-se de breves poemas agrupados em três partes que correspondem aos seus três "tempos", tem, ainda assim, a unidade de um poema.

Um poema, dizíamos, e queremos caracterizá-lo: um poema épico de tipo especial, ou melhor, um poema épico-lírico contendo uma leve tessitura narrativa – a história de Portugal por meio de uma visão personalíssima, que seleciona os personagens históricos de acordo com a dualidade expressa por Pessoa, quando se diz "um nacionalista místico, um sebastianista racional". A dualidade reside menos em dizer-se nacionalista e sebastianista do que em ser simultaneamente místico e racional. Tais contrários, aparentemente inconciliáveis, não só coexistem no poema, mas são a sua própria essência.

Em seu limiar, *Mensagem* traz uma inscrição latina: *Benedictus Dominus Deus Noster qui dedit nobis signum*,[2] que lhe dá o tom predominante, a predestinação de Portugal. Predestinação geográfica, nesta posição em que é o rosto que "Fita, com olhar sphyngico e fatal,/ O Occidente, futuro do passado"; predestinação mítica, com Ulisses "A entrar na realidade/ E a fecundal-a"; predestinação histórica, na ati-

1. Uma primeira versão deste ensaio foi publicada, com o título *Mensagem*, in BERARDINELLI, Cleonice. *Estudos de Literatura Portuguesa*. Lisboa: Imprensa Nacional/ Casa da Moeda, 1985.

2. Bendito o Senhor nosso Deus que nos deu o sinal.

tude involuntária do Conde D. Henrique, que parece responder a um *fiat* divino: "Que farei eu com esta espada?/ Ergueste-a, e fez-se".

As três partes de *Mensagem* são: Brasão, Mar portuguez e O Encoberto. Chamamos-lhes *tempos* porque de fato o são: o tempo da preparação, o tempo da realização e da queda, o tempo da espera. E note-se que o tempo medial é o tempo do mar, em que plenamente se cumpriu o destino prometido, ao conquistar-lhe a distância que depois se perdeu e que é preciso de novo reconquistar: "Do mar ou outra, mas que seja nossa!"

Transposto o limiar, entramos na primeira parte do poema: Brasão. Dois campos se distinguem no brasão português: o dos castelos e o das quinas. São esses os dois primeiros poemas do livro e, enquanto no primeiro o poeta insiste na ideia da terra – a Europa e nela Portugal –, no segundo faz uma série de reflexões conceituosas, em que afirma a fé na glória conseguida à custa de inconformidade, de desgraça. E, reafirmando o que neles se diz resumidamente, cada um dos campos se desdobrará: em seus sete castelos, o primeiro; em suas cinco quinas, o segundo. Os castelos representam, *lato sensu*, a ação criadora da nacionalidade, a sua fixação na terra: origem mítica em Ulisses, pré-história em Viriato, proto-história no Conde D. Henrique e em D. Tareja e a história, em Affonso Henriques, Diniz, João e Filipa. Dois poemas da antemanhã, dois da madrugada e quatro do dia claro da história de Portugal. Até ao quinto, o poeta enumerou, sem selecionar (não tinha, aliás, outra alternativa); só lhe restavam dois castelos e mais de uma dezena de reis se ofereciam à escolha. Para o sexto castelo, Pessoa escolhe D. Diniz chamando-lhe "o plantador de naus a haver", fazendo do rei trovador e lavrador o agente remoto das navegações, aquele que, no sussurro dos pinhais, ouve a voz futura do mar; chegado ao sétimo e último castelo, para manter a coerência estrutural do conjunto, desdobra-o em dois – D. João I e D. Filipa –, que repetem, à entrada da nova dinastia, o par gerador – Henrique e Tareja – que dera origem à dinastia fundadora. Essas duas mulheres – as únicas trazidas da história para o poema – são caracterizadas como matrizes: Tareja é "o seio augusto" que amamenta o que "Deus fadou"; Filipa, o "seio/ Que só genios concebia", o "humano ventre do Imperio". Com este ardil, Pessoa mantém o número sete para os castelos, respeitando a composição do brasão que utiliza e fazendo de João e Filipa dois que são um na raiz de uma nova era – a era do Ultramar. Agentes causativos ou eficientes, a ação dos castelos é real e visível: a conquista da terra e o impulso para o mar. Não assim as quinas, que lembram, no brasão, o milagre de Ourique: a intervenção do próprio Cristo no destino da batalha e da pátria. Os heróis desses poemas não chegaram a sê-lo na vida; poucos entenderam a sua glória feita menos de agir do que de suportar as penas infligidas pela Providência ou pelo Fado; D. Duarte, no árduo e consciente cumprimento do dever; o Infante D. Fernando, na aceitação total da vontade de Deus; D. Pedro, Regente de Portugal, na dignidade perante a sorte adversa; o Infante D. João, na resignação dolorosa; D. Sebastião, na irrealização de um sonho inatingível. Abrangem, assim, castelos e quinas, a dupla missão de Portugal, para a qual *dedit Deus signum*. Dupla missão plenamente cumprida por aquele que foi, como Galaaz, o herói e o santo, Nunalvares Pereira, e por isso o poeta o fez a coroa do brasão, resumo de seus campos. O timbre (elemento do brasão que lhe dá o grau de fidalguia) é o grifo, cuja cabeça é o Infante D. Henrique – aquele que pensou os Descobrimentos que sobretudo dois homens realizaram: D. João II, a comandá-los de Portugal, e Affonso de Albuquerque, a mantê-los e alargá-los na Índia (por isso são uma e outra asa do fabuloso animal). Neles Pessoa sintetiza o mar – a marca de Portugal.

Assim, a primeira parte de *Mensagem*, cuja divisa é *Bellum sine bello*, apresenta a caminhada da terra para o mar como missão humana e transumana.

A segunda parte, Mar portuguez, tem também sua divisa: *Possessio maris*. Seus doze poemas retomam a origem dessa posse do mar, voltando ao Infante D. Henrique e seguindo o roteiro da conquista, no rumo do Oriente: o "Horizonte" que se alarga, revelando a Verdade; o "Padrão" das quinas que se finca no areal; o "Mostrengo" que está no fim do mar, "na pequena praia extrema", sepultura de Bartolomeu Dias, seu descobridor; no rumo do Ocidente: os outros navegadores ("os colombos"), vindos de outras terras, a quem falta a "Magia que evoca/ o Longe", e de novo os portugueses – o que chega ao Brasil ("Occidente"), o que cinge a terra ("Fernão de Magalhães"). Ultrapassados os rumos terrenos, simbolizando todos os navegadores, Vasco da Gama ascende aos céus, já feito mito. O poema seguinte, "Mar portuguez", apresenta dialeticamente os dois lados dos

Descobrimentos: as lágrimas e a *possessio maris*. Poema-síntese, este parece destinado a encerrar a segunda parte do livro. Mas não: havia que acrescentar, nesse mar real e já *possível*, a nau misteriosa de D. Sebastião, que parte para voltar "num mar que não tem tempo ou spaço" e que só existe dentro do poeta. Assim, das naus que partiram à ordem do Infante D. Henrique, cumprida sua missão, não se diz se voltaram; só "A ultima nau" regressa, trazendo ainda o pendão do Império, ainda envolta em névoa, para surgir ao sol, na Hora e no poeta. Os planos épico e lírico interseccionam-se, e este absorve aquele. Nesse clima situa-se o último poema do mar, que retoma a prece final do primeiro: "Senhor, falta cumprir-se Portugal!", suplicando: "E outra vez conquistemos a *Distancia*".

De Brasão a Mar portuguez a transição se faz sem saltos, pois os últimos poemas da primeira parte poderiam pertencer à segunda, tanto que em ambas está o mesmo herói – "O Infante D. Henrique" –; no fim de Mar portuguez surge a nau de D. Sebastião, o herói da terceira parte, O Encoberto, que já fechara o campo das quinas, e tal encadeamento acentua a unidade do poema.

A terceira parte, que tem por divisa *Pax in excelsis*, subdivide-se em: "Os symbolos", "Os avisos" e "Os tempos". Os símbolos são cinco: o primeiro, terceiro e quinto – "D. Sebastião", "O Desejado" e "O Encoberto" – são um só e tal é a religiosidade de que se revestem que ousaríamos dizer que são três pessoas distintas e uma só verdadeira – o rei cujo sonho foi o "Quinto Imperio" e cujo destino foram "As ilhas afortunadas". "Os avisos" são três: os dois primeiros – "O Bandarra" e "Antonio Vieira" – sonham com o Quinto Império; o "Terceiro" – o poeta – aguarda a volta do Encoberto das ilhas afortunadas. E vêm por fim "Os tempos", também cinco: "Noite", a perda do Poder e do Renome; "Tormenta", o naufrágio de Portugal, o "poder ser"; "Calma", o mar a praiar na ilha afortunada; "Antemanhã", o apelo do mar (pela voz do mostrengo) àquele que foi seu senhor (que não é diretamente nomeado, mas sugerido até pela rima interna do sexto verso); e finalmente "Nevoeiro", o próprio Portugal. E o poema terminaria em descida irremediável, se não fosse a frase final de estímulo a nova partida, por caminho impreciso e rumando, talvez, às ilhas afortunadas, ao Quinto Império de Portugal: "É a Hora!"

Um estreito parentesco une *Mensagem* a *Os Lusíadas*: o *signum* que encontramos à entrada de *Mensagem* já vinha do primeiro verso d'*Os*

Lusíadas: "As armas e os barões assinalados"; ambos glorificam a grandeza de Portugal, ambos celebram o domínio do mar; a voz do Velho do Restelo ecoa nas estrofes de "Mar portuguez", o mostrengo retoma o Adamastor. Há entre os dois poemas, no entanto, uma diferença profunda que corresponde ao diverso enfoque dos mesmos elementos: o poeta renascentista procura ressaltar a feição bravamente atuante dos seus reis e heróis, e assim o vemos, ao enumerar todos os reis de Portugal, consagrar escassos versos a D. Diniz ou a D. Duarte, enquanto as bélicas façanhas de Afonso III ou Afonso IV são longa e enfaticamente cantadas; o poeta do século XX não enumera, seleciona, como se pôde ver, fazendo soar em contraponto o lado menos ativo e mais passivamente heroico, representado sobretudo pelas quinas.

Os dois poetas avizinham-se na medida em que introjetam a decepcionante realidade exterior, procurando reagir a ela. Assim, Camões termina o poema com uma nova invocação ao rei, incitando-o à campanha na África; a recuperação ainda seria possível em termos humanos: Sebastião já fora o Desejado, mas não era ainda o Encoberto; Alcácer-Quibir ainda não chegara. O rei de Fernando Pessoa é o Encoberto e assim se intitula a parte final de *Mensagem*. Enquanto Camões se dirige a um jovem sonhador, louvando-o e aconselhando-o, Pessoa interpela um sonho: "Quando, meu Sonho e meu Senhor?" A névoa, a bruma e as ilhas são o cenário onde se move o Encoberto, voltando na última nau, envolto em pressago mistério, mas trazendo ainda o pendão do Império. Transitou da história para o mito e só neste será possível a recuperação, neste haverá a Hora, prometida no último momento do último poema e possibilitada pelo único verso que quebra a negatividade total do texto ("Que ancia distante perto chora?"), a ela se ligando pela rima. A negatividade começa no título, "Nevoeiro": é ele a metáfora, explicitada ao fim, desse Portugal "fulgor baço da terra", "fogo-fatuo", "sem luz e sem arder". Nessa insistência em negar por meio de *nem, sem, ninguém*, que o *tudo* reafirma, a única palavra positiva é a *ânsia* que, mesmo no longe-perto em que chora, poderá dar luz e calor ao "fulgor baço da terra", ao fogo-fátuo que passará a fogo real.

Ao longo de *Mensagem*, poema da terra e do mar, vai-se impondo a presença do fogo (chama, brasa, farol), frequentemente associado à do ar (vento, sopro, aragem); e ambos, ar e fogo, são metafóricos. Em "O Quinto Imperio", é "o erguer de asa" de um sonho que pode fazer "mais rubra a brasa/ Da lareira a abandonar!"; em "Prece", fecho de Mar portuguez, que, como já ressaltamos, se encadeia ao primeiro poema dessa parte, pela constatação de que "o Imperio se desfez", reponta a esperança sob a metáfora de chama oculta pelas cinzas, mas que "a mão do vento póde erguel-a ainda". Vento que pode ser "sopro" ou "aragem" "com que a chamma do exforço se remoça", e o poeta explicita: "ou desgraça ou ancia". Essas formas de vento capazes de revolver as cinzas – desgraça ou ânsia, aqui; no terceiro "Aviso", "sopro incerto/ De um grande anceio que Deus fez"; em "Nevoeiro", a "ancia distante" que "perto chora". Revolver as cinzas e deixar que brilhe "na ara da nossa alma interna,/ A que repelle, eterna chamma,/ A sombra eterna", para que "outra vez conquistemos a Distancia –/ Do mar ou outra, mas que seja nossa!"

Assim, de uma leitura paradigmática dos poemas, ressalta o significado do poema final e também a proposta de uma solução não mais de dimensão humana, mas mítica.

Tantos pontos de contato entre os dois poemas não tiram a validade da afirmação, que retomamos: Camões enumera e relata, no mais largo âmbito possível, os heróis e os fatos heroicos da nação portuguesa, com o fito de criar uma epopeia de que, inconsciente ou conscientemente, ele emerge em tiradas líricas que poderão quebrar a unidade épica do poema, mas que, sem dúvida, o enriquecem de humanidade; Pessoa restringe-se a uns poucos vultos históricos que utiliza como heróis-símbolos, valorizando os que mais distingue pela insistência com que os apresenta: D. João II, D. Henrique e, sobretudo, D. Sebastião. Os dois primeiros são os propulsores da conquista e, pois, da breve e deslumbrante glória portuguesa cujo fim trágico é Alcácer-Quibir. D. Sebastião, herói da derrocada, paradoxal, portanto, e, mais que os outros, um símbolo prenhe de significado transcendente, eterno: "É O que eu me sonhei que eterno dura,/ É Esse que regressarei", sempre capaz de retomar o "gladio ungido,/ Excalibur do Fim", e revelar "ao mundo dividido" "o Santo Gral", é inserido pelo poeta na simbologia rosa-cruciana:

Que symbolo fecundo
Vem na aurora anciosa?
Na Cruz morta do Mundo
A Vida, que é a Rosa.

Que symbolo divino
Traz o dia já visto?
Na Cruz, que é o Destino,
A Rosa, que é o Christo.

Que symbolo final
Mostra o sol já disperto?
Na Cruz morta e fatal
A Rosa do Encoberto.

Acreditamos que a criação de símbolos a partir de uma realidade ou de uma deformação dessa realidade, a fim de torná-la simbólica, implica um subjetivismo bastante acentuado, o que nos faz dizer que *Mensagem* é um poema épico-lírico. E mais razões haveria para dizê-lo: em *Mensagem* reencontramos a cada passo, sob o disfarce de outras personalidades, o poeta ortônimo ou heterônimo em suas feições mais características. A sua inquietação metafísica, afirmada *afirmativamente* em Álvaro de Campos, negativamente (releve-se o paradoxal) em Alberto Caeiro e disfarçadamente em Ricardo Reis, está presente em *Mensagem*; exprime-a Diogo Cão em "Padrão":

E a Cruz ao alto diz que o que me ha na alma
E faz a febre em mim de navegar
Só encontrará de Deus na eterna calma
O porto sempre por achar.

Ou o Infante Santo D. Fernando: "E esta febre de Além, que me consome,/ E este querer grandeza são seu nome/ Dentro em mim a vibrar".

A sua imperiosa necessidade de sonhar – *o sonho é o por que valemos* – já se assinalou em D. Sebastião. As naus, as viagens e o mar, que são o cerne de *Mensagem*, são também constantes nas outras obras, sobretudo dos poemas de Álvaro de Campos, engenheiro naval, que por força haveria de amá-los. E a presença do mistério, do oculto, da solução rosa-cruciana para sua curiosidade insaciável, estão lá como cá.

Incluída, pois, na obra pessoana como um livro *sui generis*, *Mensagem*, a mais portuguesa das obras de Pessoa, é válida por seu alto nível poético, por sua primorosa estrutura e pela captação total da alma portuguesa, heroica e mística, saudosista e messiânica.

A anatomia de um poema: de "Gladio" a *Mensagem*[3]

Benedictus dominus deus noster
qui dedit nobis signum.[4]

Em carta datada de Paris, a 7 de janeiro de 1913, o poeta Mário de Sá-Carneiro escreve a Fernando Pessoa dizendo: "Acho muito feliz o novo plano de publicação dos seus versos. O título 'Gladio' é, quanto a mim, um verdadeiro achado, uma coisa muito bela. Não o deve é revelar a ninguém, não vá surgir nas montras das livrarias qualquer *plaquette* anêmica e imbecil com esse nome".[5]

Segundo Gaspar Simões[6]: "A mais remota referência que se encontra nos papéis de Fernando Pessoa ao projeto da publicação de um poema de sentido nacionalista remonta à concepção da poesia 'Gladio'", de 21 de julho de 1913 (cf. o manuscrito da poesia, imagem 5 e o seu datiloscrito, na imagem 6). "Originariamente de sentido subjetivo, a composição 'Gladio' destinava-se a um livro que teria por título esse mesmo vocábulo bíblico."[7]

"Gladio" seria dividido em quatro partes, das quais se conhecem apenas os títulos das três primeiras: "Portugal", "Prélio" e "Mística". *Portugal* passou a ser o título do conjunto de poemas que só à última hora, já em 1934, viria a se rotular *Mensagem*. Confirmam-no as pa-

3. Uma primeira versão deste ensaio foi publicada, com o título "Apresentação", in PESSOA, Fernando. *Mensagem*. Cleonice Berardinelli e Maurício Matos (organização). Rio de Janeiro: 7Letras, 2008. .
4. BENDITO O SENHOR NOSSO DEUS QUE NOS DEU O SINAL.
5. SÁ-CARNEIRO, Mário de. *Obra completa*. Introdução e Organização de Alexei Bueno. Rio de Janeiro: Nova Aguilar, 1995, p. 733.
6. João Gaspar Simões, crítico literário, contemporâneo de Fernando Pessoa.
7. SIMÕES, João Gaspar. *Vida e obra de Fernando Pessoa*. 2 vol. Lisboa: Bertrand, s.d., com prefácio de 1950, vol. II, p. 315.

lavras do poeta: "O meu livro *Mensagem* chamava-se primitivamente *Portugal*. Alterei o título porque o meu velho amigo [Alberto] da Cunha Dias[8] me fez notar – a observação era por igual patriótica e publicitária – que o nome da nossa pátria estava hoje prostituído a sapatos, como a hotéis a sua maior Dinastia"[9] (cf. imagem 2, que demostra a alteração do título, feita por Pessoa).

Como se vê, "Gladio" era, a princípio, o título de um poema na primeira pessoa do singular, o que denuncia o seu sujeito lírico; passou a ser o de um livro com divisões, das quais a primeira era "Portugal", que, por sua vez, passará a intitular um novo livro; título este alterado, posteriormente, para *Mensagem*, também dividido em três partes: Brasão, Mar portuguez e O Encoberto, que se subdividirão em outras, como se verá.

Primeira parte - Brasão

Bellum sine bello.[10]

Escreveu Pessoa: "Notar-se-á que se considera a História de Portugal como fechada nas duas primeiras dinastias,[11] dando-se como não existente a dos Filipes, a dos Braganças e a República. Assim é. Estes três tempos são o nosso sono: não são a nossa história, senão que representam a ausência dela."[12] Não é difícil entender esta afirmação, dada a inclinação de Pessoa para o messiânico e a sua paixão pela trágica figura do jovem rei desaparecido em Alcácer-Quibir. Como se vê, o poeta considera que o fim da pátria coincide com este infausto desastre militar e político que encerra a dinastia de Avis: daí

---

8. Note-se que o poema "Gladio" é dedicado a Alberto da Cunha Dias, tanto em Orpheu 3, de que Pessoa viu apenas as provas, como em Athena 3, pela qual foi publicado.

9. PESSOA, Fernando. *Sobre Portugal* – Introdução ao problema nacional. SERRÃO, Joel (org.). Lisboa: Ática, 1979, p. 179. Pessoa refere-se, sem dúvida, à Dinastia de Avis, cujo nome foi utilizado pelo proprietário de um belo palacete, em Lisboa, por ele transformado num hotel de luxo, inaugurado em 1933.

10. GUERRA SEM GUERRA.

11. Cf. "Dinastias portuguesas em *Mensagem*".

12. Fragmento de um testemunho do espólio pessoano, cota 142-69, apud PESSOA, Fernando. *Mensagem*. Edição Fernando Cabral Martins. Lisboa: Assírio & Alvim, 2002, p. 97.

ser D. Sebastião o herói de *Mensagem*, o herói de um tempo glorioso, perdido, mas recuperável num futuro que trará a "Hora!", na qual ele instalará o Quinto Império.

A sua presença faz-se sentir em 12 dos 44 poemas deste livro, *suí generis* até mesmo em ser rigorosamente planejado, dividido em três grandes partes em que o poeta busca abranger aquele Portugal que reconhece como o seu.

Os poemas desta primeira parte do livro – Brasão – se dividem em: Os campos, Os castelos, As quinas, A coroa, O timbre.

I. OS CAMPOS

"O dos castellos" é a descrição poético-geográfica da Europa, que antropomorfizada, vista de Oriente para Ocidente, tem seu rosto no extremo da Península Ibérica: "O rosto com que fita é Portugal". O poema é descritivo, plano e plástico até o nono verso. Nos três últimos, um estranhamento: um "olhar sphyngico e fatal", a fitar o "Occidente, futuro do passado."

"O das quinas" difere profundamente do anterior: totalmente reflexivo, opõe-se ao processo descritivo do primeiro; do tom positivo daquele, passa-se ao depressivo deste. Complica-se a forma, afloram recursos retóricos que se diriam barrocos: "Baste a quem baste o que lhe basta/ O bastante de lhe bastar." À precisa e clara cartografia do primeiro contrapõem-se, neste, "Deuses [que] vendem quando dão", um Cristo obscuro e aviltado por Deus, misteriosamente oposto à Natureza.

II. OS CASTELLOS

Os castelos são sete e constituem o primeiro dos campos do Brasão – o campo da ação criadora da nacionalidade, cujos títulos referem personagens históricas que impulsionaram a pátria para frente, precedidas pela que representa a sua mais remota origem mítica, em

"Ulysses"[13] (1°); passando pela sua pré-história com "Viriato"[14] (2°); sua proto-história, em "O Conde D. Henrique" e "D. Tareja" (3° e 4°), tomados sobretudo como geradores da primeira Dinastia portuguesa; até adentrar-se propriamente em sua história com "D. Affonso Henriques" (5°), o primeiro rei, apresentado como "Pae" e "cavalleiro" por um sujeito lírico que lhe pede "o exemplo inteiro/ E a [...] inteira força" para praticar a "vigilia" e ascender à gloriosa categoria a que o "Pae" foi elevado. A seguir, salta por cima de quatro reis[15] para se deter, no sexto poema, em D. Diniz (6°), sexto rei de Portugal, cuja ação de plantador dos pinhais de Leiria é, mais que tudo, a ação de fautor das naus que encaminharão os navegantes em seu glorioso destino de devassadores do mar. Seu importante papel na história pátria não se exerceu no presente, mas nesse futuro expresso pelo adjetivo que o poeta criou com o infinitivo preposicionado "a haver", com que qualifica as naus que transporão os mares mais de um século depois. Não se esqueça, porém, que, antes de narrá-lo como "plantador de naus a haver", o poeta descreveu-o com um detalhe temporal: "Na noite escreve um seu Cantar de Amigo". Se o rei *plantador* passa o dia a plantar naus, à noite, *trovador*, escreve cantares de amigo e de amor, e mesmo – nós o sabemos – satíricas cantigas de escárnio ou de maldizer. Poeta, pois, antes do mais.

O sétimo castelo é dúplice: "D. João o Primeiro" (I) e "D. Philippa de Lencastre" (II), como convinha ao casal que deu origem à Dinastia de Avis e, logo na primeira geração, a príncipes ilustres, celebrados por Camões como "Ínclita geração, altos Infantes!"

---

13. Em grego, *Odysseus*, herói central da *Odisseia*, de Homero (séc. VIII a.C.), Rei de Ítaca, que, na *Ilíada*, arquiteta a invasão de Troia. Atribui-se-lhe a fundação mítica de Lisboa, então *Felicitas Iulia Olisipo*, ou simplesmente *Olisipo* (*Olissipona*), que se teria desenvolvido na foz do Tejo. Data de 138 a.C. o mais antigo registro histórico da cidade, que apresentava suntuosas edificações, tais como termas e teatros, e uma intensa atividade marítima e comercial.

14. Para maiores esclarecimentos sobre Viriato, Conde D. Henrique, D. Tareja, D. Affonso Henriques, D. Diniz, D. João o Primeiro, D. Philippa de Lencastre, D. Duarte etc. no contexto da história de Portugal, ver "Vultos históricos de *Mensagem*".

15. A saber: D. Sancho I (1185-1212), D. Affonso II (1212-1223), D. Sancho II (1223-1248) e D. Affonso III (1248-1279).

Se o campo dos "Castellos" era o espaço positivo da força, da glória, em síntese, da ação, o das "Quinas" será o da suportação. Reza a lenda que D. Affonso Henriques passou a noite anterior à batalha de Ourique em vigília; ao amanhecer, foi surpreendido por um raio de luz que delineou no céu a imagem do Cristo crucificado. Encorajado pela visão, teria derrotado cinco reis mouros, dando origem ao chamado Milagre de Ourique. Em sinal de gratidão, mandou estampar no escudo de Portugal as quinas – representando, em forma de cruz, as cinco chagas de Cristo –, contendo cada uma delas cinco besantes[16] que, contada duas vezes a do meio, em movimento de persignação, somariam os trinta dinheiros por que Cristo foi traído.

As quinas são quatro dos filhos de D. João I e D. Philippa de Lencastre: D. Duarte, Rei de Portugal, seus irmãos – D. Fernando, D. Pedro, D. João – e seu descendente, último rei da Dinastia, D. Sebastião, que, no poema a ele dedicado nas "Quinas", se autodefine como louco – de uma loucura de cunho especial, engrandecedora: "Louco, sim, louco, porque quiz grandeza/ Qual a Sorte a não dá" –, e perpetua-se no pequeno poema de dez versos, "D. Sebastião, Rei de Portugal", como aquele que deixou no areal africano "[s]eu ser que houve, não o que ha". Há e haverá, numa permanência para a qual contribui a poesia de Fernando Pessoa.

Primeira quina

D. Duarte, desde muito jovem, teve de compartilhar o governo de Portugal durante as ausências do pai, D. João o Primeiro. Homem culto, escritor notável, autor de obras importantes, dentre as quais se destacam o *Leal conselheiro* e o *Livro da ensinança de bem cavalgar toda sela*, reinou apenas cinco anos (1433-1438), sempre preocupado com o destino de seu irmão, D. Fernando, preso pelos mouros em Tânger, exigindo estes um resgate altíssimo: a praça de Ceuta, criando um di-

16. Moeda de ouro de Bizâncio, cf. NASCENTES, A. *Dicionário etimológico da Língua Portuguesa*. Rio de Janeiro: Livraria Francisco Alves, 1955.

lema terrível – salvar o Infante ou manter uma das mais importantes conquistas de Portugal. Nascido em 1391, morreu em 1438, de peste, doença da qual fugira ao longo da vida, sem ter livrado o irmão, mas tendo deixado em testamento o pedido de que o resgatassem, mesmo que pela entrega de Ceuta. É ele, pois, a primeira quina.

Segunda quina

D. Fernando (1402-1443), o mais jovem dos quatro infantes, é aquele que injustamente padeceu todas as penas: maus-tratos físicos; prisão sob ferros em apertada masmorra, de onde só saía para exercer as mais grosseiras e humilhantes funções; o tormento da fome e da sede e, por fim, a privação de todo e qualquer convívio humano. Seu martírio durou seis anos, durante os quais, enquanto lhe permitiram escrever cartas, se manteve firme na mesma heroica posição, aconselhando sempre que não se entregasse Ceuta. A posteridade glorificou-o, chamando-lhe "Infante Santo".

Terceira Quina

D. Pedro, Regente de Portugal (1392-1449). Segundo irmão do rei, foi um príncipe culto, viajado, percorreu várias partes do mundo, o que lhe valeu o cognome de "o Infante das Sete Partidas", leu muito, instalou uma biblioteca em seu palácio e escreveu um livro, *Da virtuosa bemfeitoria*, inspirado no *De Beneficiis*, de Cícero. Como seus irmãos D. Duarte e D. João, queria que Ceuta fosse devolvida ao Rei de Fez, em pagamento do resgate de D. Fernando. Por decisão das Cortes, foi feito Regente de Portugal após a morte de D. Duarte, embora este tivesse deixado, em testamento, a designação de sua mulher, D. Leonor de Aragão, para regente durante a menoridade de seu filho D. Afonso, que será D. Afonso V de Portugal. No entanto, o povo adorava D. Pedro e não admitia uma estrangeira no trono português.

Dois partidos, dominados por ódios acirrados, se formaram: o do infante regente e o da rainha viúva. Acabaram por enfrentar-se em Alfarrobeira, onde D. Pedro foi morto. Antes disso, porém, o príncipe tinha sofrido profundamente a ingratidão dos seus partidários, passados para o lado da rainha.

Como se vê, pois, ele foi alguém que muito mereceria ter figurado no campo dos "Castellos" do brasão português, mas o seu injusto e amargo fim levou o poeta a incluí-lo no das quinas.

Quarta quina

D. João, dos mais novos filhos de D. João I, apenas dois anos mais velho que D. Fernando, conviveu com este durante a adolescência e lhe foi sempre muito dedicado. Distinguem-no certas atitudes tomadas em momentos graves da vida nacional: no voto em contrário dado ao conselho tomado por D. Duarte para a jornada de Tânger – importante praça moura que os infantes D. Pedro e D. Henrique, estimulados pela conquista de Ceuta, mas contra a vontade do rei, se dispunham a tomar –, João se opôs firmemente, mas seus argumentos não bastaram para evitar o desastre, cuja mais dolorosa consequência foi o aprisionamento de D. Fernando, submetido a verdadeira escravidão, na qual veio a morrer. Nas Cortes que o rei reuniu em Leiria, sobre o resgate deste príncipe, com a devolução de Ceuta, sustentou com todo o empenho o partido a favor do irmão, de quem foi sempre amigo fiel, tal como de D. Pedro, do qual foi ainda partidário, propondo nas Cortes a sua eleição para único regente do reino, tendo mais tarde recusado as vantagens que a rainha viúva, D. Leonor de Aragão, lhe oferecia se passasse para o seu partido.

Essas duas tomadas de posição dão a medida da capacidade de julgamento e da intransigência na justiça que caracterizam este príncipe que, entre os seus pares – um rei, um regente do reino, um mártir e um navegador –, se autodefine em *Mensagem* pela negação dolorosamente afirmativa: "Não fui alguem." E acrescenta: "Minha alma estava estreita/ Entre tam grandes almas minhas pares,/ Inutilmente eleita" e, como se não bastasse a bela estranheza da primeira frase, o poeta cria o mais belo advérbio de modo da sua obra, e talvez da língua portuguesa: "Virgemmente". Para concluir, o desejo ou a possibilidade do "portuguez, pae de amplos mares": "Querer, poder só isto:/ [...]/ O todo, ou o seu nada." D. João, Infante de Portugal, parece confessar que quis o todo, mas só pôde o seu nada. Daí, a dolorosa frase inicial: "Não fui alguem." E, quase ao fim do poema, e não menos dolorosa, a constatação de que, diferente das outras almas, a sua estava "Virgemmente parada".

D. Sebastião. "O Desejado", o *Esperado*, "O Encoberto". Já nasceu marcado pela orfandade: o pai morrera antes do seu nascimento; a mãe deixou-o entregue à avó e voltou para sua terra natal – nova orfandade. Aclamado rei aos três anos e meio, havia necessidade de uma regência para o reino e dois parentes próximos a disputaram: a avó paterna e o tio-avô, o Cardeal D. Henrique. Afinal, assumiu-a a rainha, em decorrência de um testamento duvidoso de D. João III. O cardeal, no entanto, reagiu, e ela, numa tática imprevista, decidiu entregar-lhe completamente. Tomado de surpresa, o prelado recusou-se a aceitá-la e D. Catarina assumiu integralmente o cargo em que se manteve por dez anos, até que, em 1567, teve de entregá-lo a D. Henrique, forçada pelas intrigas dos jesuítas, aliados deste. Não conformada com a situação, foi a vez de D. Catarina tramar a sua desforra, lutando para que D. Sebastião fosse declarado maior logo que completasse os catorze anos, o que aconteceu dentro de um ano, em 1568. A rainha tentou evitar que um jesuíta fosse escolhido como seu preceptor, mas, ao fim, foi forçada a ceder, tendo sido nomeado o padre Luís Gonçalves da Câmara e, como aio, D. Aleixo de Menezes. Cada um deles imprimiu no discípulo o seu próprio caráter: o padre lhe imprimia uma fé ardorosa e lhe alimentava a inclinação à castidade; o aio, militar convicto, instigava-o às armas. A soma dessas duas influências imprimiu no príncipe um caráter ao mesmo tempo religioso e militar, levando-o a conduzir-se de maneira a pôr em risco o reino. Contrariando todos os conselhos dos sensatos e o exemplo dos maiores, arrastou à derrota os seus compatriotas e mais um número considerável de mercenários – desentrosados por força de suas origens diversas e pela falta de comando dos chefes e, acima de todos, do próprio rei. Levou assim o reino ao desastre final, em Alcácer-Quibir, onde se destacou pelo heroísmo desatinado, lançando-se contra o inimigo, espada em punho, desdenhando a sua própria defesa e, consequentemente, a dos companheiros de batalha, a da pátria.

Embora se sinta, em *Mensagem*, o fascínio do poeta por aquele que considera o último rei de Portugal, depois do qual o país mergulhou no sono, percebe-se, na autocaracterização que D. Sebastião faz, a lucidez com que Pessoa o julga: "Louco, sim, louco porque quiz grandeza/ Qual a Sorte a não dá", mas "Sem a loucura que é o homem/ Mais que a besta sadia,/ Cadáver adiado que procria?"

IV. A COROA

Na Coroa pôs o poeta o grande herói português, Nunalvares Pereira – condestável de D. João o Primeiro –, grande chefe do exército português, que se distinguiu sobretudo em Aljubarrota, onde Portugal venceu duramente os castelhanos. Não se poderia escolher outro para ser a Coroa, posta acima do escudo, estreitando os seus dois campos – o dos castelos, a força, a ação; e o das quinas, o sofrimento, a suportação –, o material e o espiritual, o humano e o divino. Só ele poderia figurar entre os castelos e entre as quinas: castelo, pela coragem, pela resistência, pelo desassombro; quina, pela religiosidade sempre demonstrada – a oração profunda antes de cada batalha, a visita ao campo ao fim de cada uma, para ver os feridos, ordenar que fossem tratados ou removidos para lugares onde estivessem melhor, impedir que seus soldados empreendessem saques ou desrespeitassem as mulheres; e, já cumpridos os deveres para com a pátria e o rei, retirar-se do mundo, doar parte considerável dos seus bens, construir uma bela igreja e fazer-se frade. Poderia algum outro português, nobre ou plebeu, competir com esse que o poeta chamou "S. Portugal em ser", esse que era digno de brandir "Excalibur, a ungida"?

V. O TIMBRE

Como se sabe, num brasão (cf. imagem 1), como numa voz, o timbre é fundamental, é a sua marca, o que fundamentalmente o distingue dos outros. Qual terá sido a marca de Portugal, o que lhe deu quase universal visibilidade, o que lhe abriu os caminhos do mundo, o que lhe permitiu dominar uma parte desse mundo oriental que deu a conhecer ao Ocidente? A resposta será forçosamente uma: o mar desbravado por aqueles que lhe abriram a passagem, representado no brasão como uma grande ave mitológica, um grifo, que lhe encima e abraça o escudo. Três vultos históricos são:

1. a sua cabeça: o Infante D. Henrique, filho de D. João o Primeiro, que não tinha sido incluído entre os castelos (sua glória está li-

gada aos grandes descobrimentos) ou entre as quinas. Dentre os outros, optara por se dedicar aos estudos sobre o mar, chamando a Portugal os mais experimentados nas ciências das navegações, criando a chamada Escola de Sagres;

2. a sua asa direita: D. João o Segundo, o Rei dos Descobrimentos, aquele que, do continente, dirigia as viagens, era Senhor do Mar;
3. a sua asa esquerda: Affonso de Albuquerque, o grande vice-rei da Índia, aquele que os dominados respeitavam por sua impecável dignidade, mas foi injustiçado pelo rei. Ele e D. João – um, do reino, outro, do que começa a ser um Império – abarcam o escudo português.

Nas mãos dos três estava o leme das naus, suas velas, seus marinheiros. Eram, verdadeiramente, o timbre das navegações.

Segunda parte - Mar Portuguez

Possessio maris.[17]

I. O INFANTE

Estabelecendo um elo entre a primeira e a segunda partes, já que o timbre é o próprio mar, que aqui se desdobra, é o mesmo infante que abre a segunda parte do livro, Mar portuguez, num dos mais acentuadamente nacionalistas e visionários poemas do volume. Marca-o a decisão divina, a sua ordem, como num novo *Fiat*: "Deus quer, o homem sonha, a obra nasce./ Deus quiz [...]/ [...]/ Sagrou-te e foste desvendando a espuma". E foi a brancura desta que correu até que se revelou a Terra redonda, surgida, tal como Vênus, das águas do mar. No entanto... "Cumpriu-se o Mar, e o Imperio se desfez." Com a conclusão imperiosa, mas a partir do reconhecimento da falha: "Senhor, falta cumprir-se Portugal!"

---

17. Expressão latina: Posse do mar

II. HORIZONTE

Saem as primeiras naus e a primeira constatação é de que o horizonte se alarga e revela novidades, desfaz medos antigos, permite buscar e encontrar "Os beijos merecidos da Verdade".

III. PADRÃO

Continuam as naus o seu caminho. O capitão leva a bordo padrões de Portugal para marcar os pontos atingidos. O primeiro a partir é Diogo Cão. Desce em terra, como lhe foi mandado, e finca o padrão com as quinas que ensinarão, não só aos que lá chegarem, mas "ao immenso e possível oceano", "Que o mar com fim será grego ou romano:/ O mar sem fim é portuguez". Passado o Bojador, vão descendo a costa africana, até que se lhes depara "O mostrengo".

IV. O MOSTRENGO

Visivelmente aparentado a outro ser estranho e colossal, criado pela imaginação de Camões e que enfrentou a armada de Vasco da Gama com "um tom de voz [...] horrendo e grosso", este assusta pela aparência "immund[a] e gross[a]", por escorrer "os medos do mar sem fundo". O homem do leme tem, porém, como um escudo, um nome cuja profunda sonoridade contribui para a imposição do medo nos corações: "El-Rei D. João Segundo!"

V. EPITÁFIO DE BARTHOLOMEU DIAS

Passado o mostrengo, "dobrado o Assombro", chegaram os navegantes ao fim da costa ocidental africana, até onde foi Bartolomeu Dias, ali mesmo onde ficará para sempre, como o comprova o epitáfio em que lhe atribui o poeta o epíteto perfeito – "o Capitão do Fim".

VI. OS COLOMBOS

Há, porém, outros navegadores a celebrar, e vem "Os colombos", que começou por intitular-se "Ironia", em dois quartetos que, em se tratando de Pessoa, poderiam qualificar-se como medíocres, mas que, com expressivo resultado, alargaram-se a duas sextilhas em que se retoma o nível dos poemas anteriores, sobretudo na segunda estrofe, em que o confronto entre os navegantes portugueses e os outros alcança o clima de excelência dos primeiros, sempre um tanto mágica, criado em *Mensagem*: "Mas o que a elles não toca/ É a Magia que evoca/ O Longe e faz d'elle historia./ E porisso a sua gloria/ É justa aureola dada/ Por uma luz emprestada". E não se esqueça de que o poema tem um narrador/ sujeito lírico plural: nós.

VII. OCCIDENTE

Falta descobrir o Brasil. Continua o mesmo sujeito: "Desvendámos". O poema é "Occidente" e Pessoa não esquece a questão que, durante muito tempo, cercou a descoberta do nosso país: "Acaso, ou Vontade, ou Temporal"? A resposta, indiscutível, vem ao fim: "Foi Deus a alma e o corpo Portugal/ Da mão que o conduziu".

VIII. FERNÃO DE MAGALHÃES

Ainda um feito heroico. Ainda um navegador português, "Fernão de Magalhães", "na praia ao longe por fim sepulto", castigado porque "quiz cingir o materno vulto –/ Cingil-o, dos homens, o primeiro". Os Titãs, sombras iluminadas por uma fogueira, "dançam da morte do marinheiro", sem saber que "a alma ousada/ Do morto ainda commanda a armada", do morto "Que até ausente soube cercar/ A terra inteira com seu abraço", sem saber que ele "violou a Terra". Se o soubessem, eles, filhos da Terra, estariam a celebrar-lhe a morte? Talvez sim, se considerar a dança como um ritual celebratório, em que é lembrado o castigo do filho (Édipo?) que violou a própria mãe.

IX. ASCENÇÃO DE VASCO DA GAMA

É a vez de Vasco da Gama: morre também, mas de morte gloriosa, pois, único entre todos os navegadores, ascende ao céu, como um novo Cristo. Tudo muda: cessa a guerra; "Surge um silencio, e vae, da nevoa ondeando os véus,/ Primeiro um movimento e depois um assombro".

"Em baixo, onde a terra é, o pastor gela, e a flauta / Cahe-lhe, e em extase vê, à luz de mil trovões,/ O céu abrir o abysmo à alma do Argonauta."

X. MAR PORTUGUEZ

Dos poemas mais conhecidos de *Mensagem*, este o é sobretudo pelos dois versos quase proverbiais: "Valeu a pena? Tudo vale a pena/ Se a alma não é pequena". Retomando a dramática cena das despedidas de *Os Lusíadas*, com as lágrimas das mães, das esposas e das noivas, Pessoa faz um poema de cunho mais popular, mais sentimental. Não o consideramos, porém, medíocre, como dissemos de "Ironia", que foi deixado de lado pelo autor.

XI. A ULTIMA NAU

Do I ao VIII poema, tinha-se acompanhado a rota dos Descobrimentos até à viagem de Vasco da Gama. Assistimos, tão pasmos nós como "Os Deuses da tormenta e os gigantes da terra", à ascensão de Vasco da Gama, personagem-síntese dos Descobrimentos. Ouvimos a voz do poeta a interpelar o próprio mar, num pseudodiálogo sem resposta, ou melhor, com uma resposta dada pelo próprio interpelador.

Inesperada dentro do contexto, até porque escapa à história que se vinha acompanhando até aqui, surge uma "ultima nau", num ambiente estranho: "ao sol aziago,/ Erma, e entre choros de ancia e de presago/ Mysterio". Não voltou mais, voltará um dia? O poeta, no entanto, sabe que "Deus guarda o corpo e a forma do futuro,/ Mas sua luz projecta-o, sonho escuro/ E breve". Talvez seja a projeção deste futuro que, em sonho escuro e breve, surja ao poeta, e nele, "num mar que não tem tempo ou spaço", permitindo-lhe ver "entre a cerração [s]eu vulto baço/ Que torna". Penetrado desta certeza, diz à mesma tu: "Surges ao sol em mim, e a nevoa finda:/ A mesma, e trazes o pendão ainda/ Do Imperio". Quase tudo mudou: o sol não é mais aziago, a névoa findou. Algo, porém, permaneceu, além da mesma tu do momento da partida: o "pendão do Imperio", que a nau erguia à partida, como continua a erguer nesta volta embebida em "Mysterio". E não nos esqueçamos de que o passageiro mencionado é D. Sebastião.

XII. PRECE

Em "Prece", de que é o destinatário, é chamado "Senhor"[18] pelo mesmo sujeito lírico que lhe pede: "Dá o sopro, a aragem – ou desgraça ou ancia –,/ Com que a chamma do exforço se remoça,/ E outra vez conquistemos a Distancia –/ Do mar ou outra, mas que seja nossa!"

Terceira parte - O Encoberto

Pax in excelsis.[19]

A terceira parte, O Encoberto, é inteiramente dedicada a D. Sebastião, a partir do título. Dos treze poemas que a constituem, com três subdivisões – "Os symbolos", "Os avisos" e "Os tempos"[20] –, aparece referido direta – D. Sebastião e El-Rei D. Sebastião – ou indiretamente – o Desejado, "Galaaz com patria", "Mestre da Paz", o Rei, o Encoberto, Senhor, "meu Sonho e meu Senhor", "Rei desterrado", ou ainda por signos que lhe são diretamente ligados, como: Quinto Império, a Hora, "ilha próxima e remota", "ilha velada".

---

18. Poder-se-á objetar que o vocativo "Senhor" pode não ser dirigido ao rei, mas a Deus; sem descartarmos essa possibilidade, e algum tanto subjetivamente, preferimos aquela, que se apoia no poema anterior, "A ultima nau", em que o alocutário, na segunda pessoa do singular, é indiscutivelmente o Encoberto, cujo "vulto baço" o poeta vê "entre a cerração", até que esplende o sol e a "nevoa finda". Mas há mais: no poema seguinte a "Prece", intitulado justamente "D. Sebastião", é este que fala, como a responder misticamente ao apelo metafísico do poeta.
19. Expressão latina: Paz nas alturas.
20. Daqui em diante, serão abreviados como: S, A e T.

I. OS SYMBOLOS

Os símbolos são cinco e remetem insistentemente ao rei. O conjunto de poemas se estrutura harmonicamente: os três de número ímpar apontam para D. Sebastião, claramente enunciado ou disfarçado nos apelidos que lhe foram apostos ao longo da vida: antes mesmo de nascer, o Desejado – nele se centrava a ardente esperança de sucessão ao reino português –; depois da morte, o Encoberto. Os poemas de número par intercalam-se nestes, localizando: o espaço pelo qual anseia a pátria, "O Quinto Imperio", que será "theatro/ Do dia claro, que no atro/ Da erma noite começou."; e "As ilhas afortunadas", local misterioso, onde se ouve uma voz que se cala ao ser ouvida, "por ter havido o escutar", voz que se ouve "meio dormindo", mas que "diz a esperança". Nessas ilhas mora o rei, esperando; numa ilha já morara o Rei Artur, de quem o poeta aproxima o infausto rei português, chamando-lhe Galaaz, e ao seu gládio, Excalibur.

O poeta insiste na presença do areal no imaginário da morte de D. Sebastião – já mencionado na última quina, como o espaço em que só ficou seu "ser que houve, não o que ha"– no primeiro dos símbolos, "D. Sebastião", com a mesma consciência de que não importa "o areal e a morte e a desventura" se se guardou com Deus, se o que dura é não o "ser que houve", mas "o que ha" (cf. "D. Sebastião, Rei de Portugal", v. 5).

No último poema, "O Encoberto", Pessoa assume plenamente a presença da Rosa-Cruz, nela integrando D. Sebastião.

II. OS AVISOS

São três: primeiro, "O Bandarra", segundo, "Antonio Vieira" e terceiro (único poema de *Mensagem* sem título) – "Screvo meu livro à beira-magoa".

Do século XVI ao XX, estas três vozes anunciaram o Quinto Império: a de um sapateiro analfabeto, dotado de uma prodigiosa memória e conhecedor, de ouvido, das Santas Escrituras; a de um dos maiores prosadores da nossa língua – Pessoa o diz "Imperador da lingua portugueza"–, seu maior orador, homem de grande cultura, dominador de todos os processos retóricos do barroco; e um terceiro, poeta da altura de Camões, prosador notável, julgado por críticos não portugueses como um dos autores que não podem ser excluídos de um cânone universal do século XX, que se dizia "um nacionalista mystico", "um sebastianista racional". A ausência de título no terceiro "Aviso" é suprida pela primeira pessoa do singular do sujeito lírico, que confessa: "Screvo meu livro à beira-magoa" – e este seu livro é *Mensagem*.

III. OS TEMPOS

São cinco os tempos: "Noite", "Tormenta", "Calma", "Antemanhã" e "Nevoeiro". Estão postos depois da noite, ou dentro dela, a tormenta, seguida da calma, e, já quase expulsa a sombra, a luz da antemanhã.

Depois de uma série de poemas afirmativos das duas primeiras Dinastias portuguesas, transposto o "Mar", chega-se aos "Symbolos", aos "Avisos" e aos "Tempos". Dispostos estes numa sequência quase perfeitamente lógica, passa-se da "Noite", agravada pela "Tormenta", seguida da "Calma", aberta para a "Antemanhã". Aguarda o leitor a desejada claridade matinal, mas o que o espera é a fria opacidade do "Nevoeiro". Percebe a queda e se entristece. Como não terá, ele também, os "olhos quentes de agua", se este é o último poema de *Mensagem*, que se fecha com a fórmula de despedida: "*Valete, Fratres*"?[21]

21. Expressão latina: "Adeus, Irmãos".

Os Lusíadas e *Mensagem*: um jogo intertextual[22]

Dois poemas, dois poetas. Quatro séculos de permeio. O primeiro, a lançar sobre os pósteros a sombra incômoda de sua glória: Luís Vaz de Camões; o segundo, mal ocultando a dificuldade de suportar-lhe a grandeza, na previsão da vinda de um poeta máximo, um Super-Camões em que facilmente o descobrimos sob o transparente disfarce: Fernando Pessoa.

Eis o que este escrevia, aos vinte e quatro anos, nas páginas da revista *A Águia*:

> A nossa poesia caminha para o seu auge: o grande poeta proximamente vindouro, que encarnará esse auge, realizará o máximo equilíbrio da subjetividade e da objetividade. [...] Super-Camões lhe chamamos, e lhe chamaremos, ainda que a comparação implícita, por muito que pareça favorecer, antes amesquinhe o seu gênio, que será, não de *grau* superior, mas mesmo de *ordem* superior ao do nosso ainda-primeiro poeta.[23]

Atente-se para este breve texto do qual se destacam dois vocábulos compostos, inventados por Pessoa: "Super-Camões" e "ainda-primeiro". O poeta, que foi até então o primeiro, deixará de sê-lo quando, "proximamente vindouro", chegar o que encarnará o auge da poesia portuguesa, o que lhe será superior em grau e ordem. Mesmo considerando as restrições aqui feitas, em que se diz que o novo poeta será de grau e de ordem superiores ao antigo – o que já estaria explícito no prefixo *super-*, usado na sua nomeação –, a escolha deste poeta como elemento de comparação coloca-o no ponto mais alto em relação a todos os que o precederam e seguiram, até ao momento da enunciação. Estar acima de alguém que não está no topo pode ainda ser estar abaixo de quem nele está; portanto, o ponto de refe-

22. Uma versão deste ensaio foi publicada in BERARDINELLI, Cleonice. *Estudos Camonianos*. Rio de Janeiro: Nova Fronteira, 2000.
23. PESSOA, Fernando. *A nova poesia portuguesa*. Lisboa: Inquérito, 1944, p. 64.

rência para o novo poeta não nomeado que estará surgindo – e não é difícil decifrar o enigma – é ainda e sempre Camões. Incomodado pela grandeza do poeta, não consegue, contudo, escapar ao seu fascínio. Uma pequena descoberta que fiz entre os papéis deixados por Pessoa, e que constituem o Espólio III da Biblioteca Nacional de Lisboa, parece-me confirmar o que digo. Numa página atribuída a Álvaro de Campos, na qual ele dá breves definições de grandes homens, não apenas poetas, entre os quais estão Dante e Shakespeare, por exemplo, encontra-se, brevíssima e muito possivelmente interrompida, a de Camões: "Camões, nau a meio caminho", corrigida na linha superior a palavra *caminho* por *carinho*, o que dará a leitura: "Camões, nau a meio carinho". Não há data na página. Nenhuma indicação no papel, que possibilite datá-lo. Mais um mistério indecifrável: quando terá Pessoa, pela voz de Campos, feito este retrato enternecido em que o poeta cantor de naus é nau ele mesmo, a navegar, não por um caminho, como todas as naus, mas por um carinho daquele que, num sonho megalômano, aspira a superá-lo? E não se esqueça que é Álvaro de Campos quem o diz, aquele dos heterônimos em quem Pessoa pôs "toda a emoção que não [deu] nem a [si] nem à vida" e que, por isso mesmo, é capaz de ter e de exprimir o carinho pelo poeta maior.

Na obra poética pessoana, Camões não é citado. No entanto, com nenhum outro o poeta estabeleceu tão patente intertextualidade, perceptível por qualquer leitor d'*Os Lusíadas* que se depare com o pequenino volume de *Mensagem*.

Em ambos os poemas patenteia-se o orgulho da expansão de Portugal em versos como este de Camões: "E, se mais mundo houvera, lá chegara" (*Lus.*, VII, 14)[24], ou estes de Fernando Pessoa: "O mar com fim será grego ou romano:/ O mar sem fim é portuguez".

Fácil será àquele que se inicia na leitura de *Os Lusíadas* prever, pelo título, a matéria do poema. De portugueses e consequentemente de Portugal é que se fala. Não tão óbvia a conclusão em se tratando de *Mensagem*, a não ser que se saiba que o primeiro título escolhido para o pequeno volume de versos foi *Portugal*. Se este tivesse sido mantido,

24. CAMÕES, Luís de. *Os Lusíadas*. Organizador Emanuel Paulo Ramos. Porto: Porto Editora, [1980]. As citações deste poema seguem esta edição.

o jogo intertextual começaria a existir nos títulos. *Os Lusíadas*, isto é, os habitantes, no poema do século XVI; *Portugal*, o país, no poema do século XX. No primeiro, Camões se diz motivado por:

> [...] amor da pátria não movido
> De prêmio vil, mas alto e quase eterno,
> Que não é prêmio vil ser conhecido
> Por um pregão do ninho meu paterno. (*Lus.*, I, 10)

No segundo, Pessoa apresenta a visão da pátria, tal como a vê "um nacionalista místico, um sebastianista racional".

Seguindo o tradicional encadeamento da narrativa épica, desde Homero, Camões inicia o poema *in medias res,* isto é, não pelo princípio, cronologicamente, mas pelo momento fundamental em que os portugueses já estão a caminho de Melinde, onde serão bem acolhidos pelo rei e pela gente, esperançosos de receber deles o piloto hábil e seguro que os há de levar à Índia. O rei indaga de Vasco da Gama quem são estes navegantes que ali acabam de aportar:

> Mas antes, valeroso Capitão,
> Nos conta, lhe dizia, diligente
> Da terra tua o clima e região
> Do mundo onde morais, distintamente;
> E assi de vossa antiga geração,
> E o princípio do Reino tão potente,
> Cos sucessos das guerras do começo,
> Que, sem sabê-las, sei que são de preço. (*Lus.*, II, 109)

Detém o poeta a narração para invocar Calíope, a musa da epopeia, a rainha das musas, e passa a palavra a Vasco da Gama, que será o narrador de toda a história de Portugal, começando por situar no mundo a Europa e nela os vários países e povos, até chegar à Península Ibérica, seu extremo ocidental, caracterizada "como cabeça ali de Europa toda". Nesta cabeça estão vários povos que habitam a península, até chegar a Portugal:

> Eis aqui, quase cume da cabeça
> De Europa toda, o Reino Lusitano,

Onde a terra se acaba e o mar começa
E onde Febo repousa no Oceano. (*Lus.*, III, 20)

No primeiro poema de *Mensagem,* Pessoa assim apresenta a Europa:

A Europa jaz, posta nos cotovellos:
De Oriente a Occidente jaz, fitando,
E toldam-lhe romanticos cabellos
Olhos gregos, lembrando.

O cotovello esquerdo é recuado;
O direito é em angulo disposto.
Aquelle diz Italia onde é pousado;
Este diz Inglaterra onde, afastado,
A mão sustenta, em que se appoia o rosto.

Fita, com olhar sphyngico e fatal,
O Occidente, futuro do passado.

O rosto com que fita é Portugal.[25]

"Quase cume da cabeça", "onde a terra se acaba e o mar começa", diz Camões; "rosto com que fita" o "Occidente", diz Pessoa. A este *Occidente* buscado com olhos portugueses chegarão os navegantes peninsulares, saindo da praia "onde a terra se acaba" e seguindo pelo mar, a transpô-lo, para por ele chegar ao "futuro do passado". E é bom que nos lembremos de que neste *Occidente* e, pois, neste futuro estamos nós.

N'*Os Lusíadas,* há dois momentos em que se narra a história de Portugal desde as suas raízes: longamente no primeiro, abreviadamente no segundo. No primeiro, fala Vasco da Gama ao rei de Melinde, começando, como vimos, pela localização da terra pátria e continuando por dar-lhe a origem mítica:

Esta foi Lusitânia, derivada

25. Na transcrição dos poemas de *Mensagem,* utiliza-se a presente edição.

De Luso ou Lisa, que de Baco antigo
Filhos foram, parece, ou companheiros,

E nela antam os íncolas primeiros. (*Lus.*, III, 21)

No segundo, Paulo da Gama começa a explicar ao Catual o significado histórico das bandeiras que estão na sua nau, novamente voltando à origem:

Este que vês é Luso, donde a fama

O nosso Reino Lusitânia chama. (*Lus.*, VIII, 2)

Segue-se imediatamente Ulisses, caracterizado como aquele que "Cá na Europa Lisboa ingente funda" (*Lus.*, VIII, 5).

No relato de Vasco da Gama, este, ao historiar as lutas de Affonso Henriques contra os mouros para lhes reconquistar os territórios em que se instalaram, vai descendo de norte a sul, chegando a Lisboa, à qual se dirige, fazendo-a sua alocutária, lembrando-lhe também que foi edificada pelo "facundo" Ulisses, de cujo nome se deriva o seu (em sua forma antiga, Ulissipo ou Olissipo, tal semelhança é realmente grande):

E tu, nobre Lisboa, que no mundo
Facilmente das outras és princesa,
Que edificada foste do facundo
Por cujo engano foi Dardânia acesa;
Tu, a quem obedece o Mar profundo,
Obedeceste à força Portuguesa
Ajudada também da forte armada

Que das Boreais partes foi mandada. (*Lus.*, III, 57)

Em *Mensagem,* na genealogia fundadora de Portugal, não se fala em Luso: Ulisses é o único na origem mítica da pátria. A ele é dedicado o primeiro poema, que tem seu nome e cujo primeiro verso, de extrema e expressiva concisão, já se tornou axiomático: "O mytho é o nada que é tudo."

N'*Os Lusíadas*, bem antes do Gama, que de Luso não falará, Júpiter, no Consílio do Olimpo, designa os portugueses como a "forte gente de Luso" e, num processo retórico bastante usado, louva-os no seu passado, a dizer que o não faz:

Deixo, Deuses, atrás a fama antiga,
Que co a gente de Rómulo alcançaram,
Quando com Viriato na inimiga
Guerra Romana tanto se afamaram. (*Lus.*, I, 26)

Ainda não portugueses, mas lusitanos, sob o comando deste herói, não mais lendário, mas ainda pré-histórico em relação a Portugal, pois que anterior a este como nação, lutam esses homens por sua independência.

Na *Mensagem*, "Viriato" é o segundo castelo, poema em três quartetos; no último, a sua definição altamente poética:

Teu ser é como aquella fria
Luz que precede a madrugada,

E é já o ir a haver o dia
Na antemanhã, confuso nada.

Passando pela origem mítica e pela que chamei pré-histórica, chega Fernando Pessoa à proto-história com o Conde D. Henrique: ainda não existe Portugal, apenas um condado, o Portucalense. Citam-no os dois narradores camonianos: Paulo chama-lhe "O grão progenitor dos Reis primeiros" (*Lus.*, VIII, 9); Vasco diz "Que do mundo os mais fortes igualava,/ Que de tal pai tal filho se esperava" (*Lus.*, III, 28).

Pessoa faz de D. Henrique um agente inconsciente da vontade divina, a perguntar-se o que fazer:

À espada em tuas mãos achada
Teu olhar desce.

"Que farei eu com esta espada?"

Ergueste-a, e fez-se.

Assim, imprime Fernando Pessoa a marca da predestinação na história de Portugal, como, aliás, já fizera na epígrafe geral ao poema: "*Benedictus Dominus Deus noster qui dedit nobis signum.*" Marcados com o sinal; Camões chamara-lhes "assinalados". Com D. Tareja forma D. Henrique o par de que se origina a primeira Dinastia de Portugal, a de Borgonha, e Pessoa só vê nela a "mãe de reis e avó de imperios". Não a vemos assim n'*Os Lusíadas*, poema que enquadro em duas das linhas que chamei "linhas mestras da literatura portuguesa": o nacionalismo laudatório e o nacionalismo crítico, mesmo ciente de que só o relato laudatório dos fatos e dos personagens históricos se coaduna com o conceito clássico de epopeia. Se se apontam no conde apenas qualidades, D. Tareja é julgada com severidade extrema: mãe "que tão pouco o parecia,/ A seu filho negava o amor e a terra", que "erra/ Contra Deus, contra o maternal amor"; mãe que "peca mais" que Progne ou que Medeia, pois suas causas principais de erro são carregadas de "incontinência má, cobiça feia" (*Lus.*, III, 31, 32).

Estamos diante da primeira rainha de Portugal, aquela em quem Pessoa apenas vê a "mãe de reis e avó de imperios". E Camões se permite acusá-la do crime maior numa mulher – o não saber ser mãe. Até então o poema se poderia inscrever na linha mestra do nacionalismo laudatório; aqui já se inclui na do nacionalismo crítico, que se manifestará ao longo do poema com crescente intensidade, o que contribui para que a epopeia deixe de sê-lo *stricto sensu*, até porque nela se imiscui o poeta – não apenas narrador em verso, mas sujeito poético, denunciando-se como tal, e por vezes tão participante que se projeta entre os personagens narrados/ cantados. A isso se há de voltar.

O primeiro momento da história propriamente dita de Portugal vem com o seu primeiro rei, Affonso Henriques, cantado por Camões em cinquenta e cinco oitavas – mais que qualquer dos seus descendentes. A ele Pessoa dedica um dos seus mais breves, mas mais incisivos poemas – dois quartetos – pedindo-lhe:

Pae, foste cavalleiro.
Hoje a vigilia é nossa.
Dá-nos o exemplo inteiro
E a tua inteira força!

A partir de Affonso Henriques, Camões vai apresentando, um a um, todos os reis. Pessoa salta por cima dos quatro seguintes, detendo-se em D. Diniz. Neste louva Camões a liberalidade, o florescimento do reino, a implantação da paz, a construção de fortalezas e castelos, o estímulo aos estudos, criando a primeira universidade portuguesa, tudo em três estrofes de tom bastante contido. Não ressalta as duas funções que lhe deram os epítetos pelos quais ficou mais conhecido: rei trovador e rei lavrador. Pessoa, sem citá-los, faz deles a matéria de um dos mais perfeitos poemas de *Mensagem:*

Na noite escreve um seu Cantar de Amigo
O plantador de naus a haver,
E ouve um silencio murmuro comsigo:
É o rumor dos pinhaes que, como um trigo
De Imperio, ondulam sem se poder ver.

Arroio, esse cantar, jovem e puro,
Busca o oceano por achar;
E a falla dos pinhaes, marulho obscuro,
É o som presente d'esse mar futuro,
É a voz da terra anciando pelo mar.

Poeta, o rei faz versos-arroios que buscam o oceano e planta pinhais que serão futuras naus; aos seus ouvidos chega um silêncio múrmuro feito do rumor dos pinhais, do marulho do oceano e – não dito, mas sentido – da melodia dos versos. Neste som misto e consonante estão o poeta e o lavrador, o presente e o futuro, a terra e o mar, está todo Portugal.

Prossegue Camões em sua rota, enumerando todos os reis: Pessoa deixa de lado Afonso IV, Pedro e Fernando, passando em branco o episódio dos amores de Pedro e Inês, e indo deter-se em D. João I e sua mulher, D. Filipa, unindo-os num novo par gerador de príncipes de uma nova dinastia, a de Avis. A D. João dedicam *Os Lusíadas* cinquenta estrofes (quase tantas quantas mereceu D. Afonso I), onde se glorifica o rei, dando particular realce à batalha de Aljubarrota. De D. Filipa nada se diz; na verdade, há no poema bem pouco espaço para rainhas, exceção feita para a dura acusação a D. Tareja e a simpática atuação de D. Maria, filha de Afonso IV e mulher de Afonso XI de Castela, intercedendo junto ao pai a favor do marido, na luta contra os mouros. A grande figura feminina no plano dos humanos é Inês; as outras pertencem ao plano dos deuses. Na *Mensagem,* só há duas mulheres: Tareja e Filipa, duas rainhas, definidas como geratrizes de impérios. Não se nota, nos dois poemas que lhes são dedicados, a distância moral que há entre as duas: uma, marcada pelo erro, pelo pecado; outra, pela virtude. É mesmo surpreendente que a D. Tareja toque um poema de quatro estrofes e a D. Filipa, de apenas duas. O segundo, porém, a caracteriza por um sintagma muito simples, que perfeitamente lhe convém, "rosto serio", e por um belo e expressivo epíteto, que dela faz alguém muito especial: "Princeza do Santo Gral". Ouçamos o poema:

> Que enigma havia em teu seio
> Que só genios concebia?
> Que archanjo teus sonhos veio
> Vellar, maternos, um dia?
>
> Volve a nós teu rosto serio,
> Princeza do Santo Gral,
> Humano ventre do Imperio,
> Madrinha de Portugal!

Ao passo que Camões continua metodicamente a sua lista de reis, que o levará até D. Manuel, Pessoa interrompe a sua sequência real ao fim dos castelos, e passa às quinas, que são os quatro filhos de D. João I (Camões deles disse "Ínclita geração, altos Infantes!"), mais D. Sebastião. Destes, só o primeiro e o quinto são reis. Une-os a todos, porém, o fato de serem, os cinco, aqueles que passaram à história não pelo vencer, mas pelo suportar; não pela glória, mas pelo sacrifício. Por isso são quinas, não castelos. A D. Duarte consagra Camões três estrofes de que ressalta a tristeza e o desconsolo:

Não foi do Rei Duarte tão ditoso
O tempo que ficou na suma alteza,
Que assi vai alternando o tempo iroso
O bem co mal, o gosto co a tristeza. (*Lus.*, IV, 51)

Pessoa retoma este sentimento, mas encontrando algo de muito positivo na reação do rei que é o sujeito lírico:

Firme em minha tristeza, tal vivi.
Cumpri contra o Destino o meu dever.
Inutilmente? Não, porque o cumpri.

A simulação de diálogo interno, com questionamento e resposta de alta dignidade, faz-nos lembrar "Mar portuguez": "Valeu a pena? Tudo vale a pena/ Se a alma não é pequena". O cumprimento do dever está acima do resultado que se possa ou não alcançar.

Assim são os príncipes simbolizados nas quinas: "compra[m] a glória com desgraça". D. Fernando, o Infante Santo, diz: Deus "sagrou-me seu em honra e em desgraça"; D. Pedro, o Infante "das Sete Partidas", reconhece: "Não me podia a Sorte dar guarida/ Por não ser eu dos seus"; o Infante D. João, o menos conhecido dos filhos de D. João I, define-se, com imensa tristeza:

Não fui alguem. Minha alma estava estreita
Entre tam grandes almas minhas pares,
Inutilmente eleita,
Virgemmente parada.

E D. Sebastião:

Louco, sim, louco porque quiz grandeza
Qual a sorte a não dá.
[...]

Sem a loucura que é o homem
Mais que a besta sadia,
Cadaver addiado que procria?

Da má sorte e consequente tristeza destes cinco príncipes, Camões apenas destaca a que afligiu D. Duarte, causada sobretudo por ver "cativo o santo irmão Fernando", só aí citado no poema; de D. Pedro, falará brevemente Paulo da Gama, apontando a bandeira:

Olha cá dous Infantes Pedro e Henrique
Progênie generosa de Joanne;
Aquele faz que fama ilustre fique
Dele em Germânia, com que a morte engane. (*Lus.*, VIII, 37)

Do Infante D. João nada se diz. Que dizer de um príncipe de vida tão discreta num poema que deve cantar feitos pátrios? A D. Sebastião, o poeta cantará em "som alto e sublimado", em "estilo grandíloco e corrente", pondo-o mesmo a par dos deuses. Não se esqueça que o rei é seu contemporâneo, que a ele é dedicado o poema, que ainda não houve a batalha e o desastre de Alcácer-Quibir. O sonho de reconquista do norte da África ainda povoa as mentes. D. Sebastião ainda é o herói épico, embora em potencial. O ponto de vista de Fernando Pessoa, à distância de mais de três séculos, teria de ser diferente, mesmo que os poetas não o fossem. O herói foi destroçado, a pátria posta em perigo. O sonho se desfez, restou apenas a loucura que lhe deu origem, loucura positiva, sem a qual o homem permanece "em casa, contente com o seu lar", "vive porque a vida dura", sem descobrir que "ser descontente é ser homem".

Morto D. Duarte, Vasco da Gama passa rapidamente por Afonso V e mesmo por D. João II, a vontade realizadora que,

[...] por haver fama sempiterna,
Mais do que tentar pode homem terreno
Tentou, que foi buscar da roxa Aurora
Os términos que eu vou buscando agora. (*Lus.*, IV, 60)

Deter-se-á o narrador bem mais em D. Manuel, o que se justifica plenamente, já que este foi o rei que lhe confiou a grande missão que está cumprindo, de chegar à Índia.

Para Pessoa, no entanto, o promotor maior das navegações foi D. João II. Por isso, aparece explicitamente em dois poemas e implícito num terceiro; são eles: "Uma asa do grypho", "O mostrengo" e "Antemanhã". No primeiro,

Seu formidavel vulto solitario
Enche de estar presente o mar e o céu,
E parece temer o mundo vario
Que elle abra os braços e lhe rasgue o véu.

No segundo, "O mostrengo" – a versão pessoana do Adamastor, num jogo intertextual bastante estreito –, interpela o homem do leme (n'*Os Lusíadas* é ele o interpelado), que lhe responde, duas vezes, a tremer:

"Quem é que ousou entrar
Nas minhas cavernas que não desvendo,
Meus tectos negros do fim do mundo?"
E o homem do leme disse, tremendo,
"El-Rei D. João Segundo!"

[...]
"Quem vem poder o que só eu posso,
Que moro onde nunca ninguem me visse
E escorro os medos do mar sem fundo?"
E o homem do leme tremeu, e disse,
"El-Rei D. João Segundo!"

Para, enfim, assumir a importância do seu papel:

Trez vezes do leme as mãos ergueu,
Trez vezes ao leme as reprendeu,
E disse no fim de temer trez vezes,
"Aqui ao leme sou mais do que eu;
Sou um Povo que quer o mar que é teu;
E mais que o mostrengo, que me a alma teme
E roda nas trevas do fim do mundo,
Manda a vontade, que me ata ao leme,
De El-Rei D. João Segundo!

Tecendo o roteiro dos reis, no intuito de entretecer semelhanças e diferenças entre os tratamentos que lhes dão os dois poetas que vimos relendo, apreendi na minha rede uma das figuras mais fortes do poema camoniano, o Adamastor, o gigante que está no fim do mar, avaro defensor de seu "nunca visto promontório". Profético e terrível em Camões:

Sabe que quantas naus esta viagem
Que tu fazes, fizerem, de atrevidas,
Inimiga terão esta paragem
Com ventos e tormentas desmedidas! (*Lus.*, V, 43)

Inquiridor e ousado em Pessoa:

Quem vem poder o que só eu posso,
Que moro onde nunca ninguem me visse
E escorro os medos do mar sem fundo?",

Que ainda voltará, na *Mensagem*, no terceiro poema a que atrás me referi – "Antemanhã" –, aquele em que D. João não é trazido por seu nome, mas pela sua ação – "desvendou o Segundo Mundo" –, pelo cognome que lhe é conferido – "Senhor do Mar" –, pela pergunta feita pelo mesmo mostrengo que busca o seu senhor e até pela terminação de um verso com forte rima interna e sem a rima final, que parece estar procurando: "Quem é que dorme a lembrar/ Que desvendou o Segundo Mundo", encontrando-a nós no refrão de "O mostrengo": "El-Rei D. João Segundo."

Como se pôde ver, os dois poetas percorrem a história de seu país seguindo a rota de seus reis. De grandes senhores também se fala; de nenhum tão extensa e/ou apaixonadamente como de Nunalvares Pereira, o condestável de D. João I. Em ambos os poetas, é o grande herói nacional. Dele Camões dá um rico retrato em movimento, focalizando-o sobretudo como militar e patriota: o vemos em Aljubarrota dirigindo-se às "duvidosas gentes", entre as quais seus próprios irmãos,

Com palavras mais duras que elegantes,
A mão na espada, irado e não facundo,
Ameaçando a terra, o mar e o mundo. (*Lus.*, IV, 14)

Em *Mensagem*, Pessoa define-o e concita-o:

Sperança consummada
S. Portugal em ser,
Ergue a luz da tua espada
Para a estrada se ver!

Faz dele a coroa do brasão, aquela que, encimando castelos e quinas, deve ter a substância de uns e outras, como a teve D. Nuno. Soldado destemido, chefe justo, inimigo terrível no campo de batalha, vencedor magnânimo, por um lado; por outro, o cristão sincero que, cumprida a missão que o rei e a pátria lhe exigiam, fez-se frade, sendo beatificado pela Igreja. Pessoa o pinta com a espada na mão, mas a espada "É Excalibur, a ungida,/ Que o Rei Arthur te deu". E, ao herói, chama-lhe "S. Portugal em ser", pedindo-lhe: "Ergue a luz da tua espada/ Para a estrada se ver!"

Apontados estes diálogos entre os textos aqui estudados, passo a falar sobre o que já chamei algures "linha sinuosa descrita pelos dois poemas – ascendente, ingrememente descendente e, por fim, em ligeira ascensão". Para tal, volto à Dedicatória a D. Sebastião, altamente laudatória e cheia de orgulho nacional, situada logo à entrada d'*Os Lusíadas*, após a Proposição e a Invocação, onde o rei é chamado:

Maravilha fatal da nossa idade,
Dada ao mundo por Deus, que todo o mande,
Pera do mundo a Deus dar parte grande. (*Lus.*, I, 6)

Pessoa lhe consagra o seu livro, pois que o jovem rei, cujo sonho desmedido arrastou a pátria à dominação espanhola, é o seu herói incontestável, presente nas três partes que o compõem:

Louco, sim, louco, porque quiz grandeza
Qual a Sorte a não dá.
Não coube em mim minha certeza;
Porisso onde o areal está
Ficou meu ser que houve, não o que ha.

Minha loucura, outros que me a tomem
Com o que nella ia.
Sem a loucura que é o homem
Mais que a besta sadia,
Cadaver addiado que procria?

Assim o define o poeta, nele consubstanciando o idealismo, a arrancada para alguma coisa de grande, o desejo de fugir ao conformismo comodista:

Triste de quem vive em casa,
Contente com o seu lar,
Sem que um sonho, no erguer de asa,
Faça até mais rubra a brasa
Da lareira a abandonar!

Pessoa irmana-se a Bandarra e Vieira nas profecias sobre o Encoberto e sobre o Quinto Império que tardava, mas haveria de chegar. O seu gosto pelo mistério, as suas afinidades e o seu desejo de identificar-se com o herói celebrado fazem-no ansiar por sua volta:

Ah, quando quererás, voltando,
Fazer minha esperança amor?
Da nevoa e da saudade quando?

Que responsabilidade terá tido Camões nessa loucura de D. Sebastião? José Régio, no drama que tem por título o nome do rei, fá-lo ouvir os versos de *Os Lusíadas* que o arrebatam e embriagam. E, de fato, o sopro heroico que deles se exala, o louvor excitante, a lembrar as glórias dos antepassados e a sugerir glórias futuras, tudo isso perturbaria, sem dúvida, aquele adolescente fanático por Deus e pela pátria e o levaria à aventura da África. Ouçamos como a ele se dirige Camões, no princípio do poema, com a dupla autoridade de poeta e de soldado:

Vós, ó novo temor da Maura lança,
[...]

Vós utenro e novo ramo florecente,
De ũa[26] árvore de Cristo mais amada
Que nenhũa nascida no Ocidente,
[...]

Vós, poderoso Rei, cujo alto Império
O Sol logo em nascendo vê primeiro;
Vê-o também no meio do Hemisfério,
E quando dece, o deixa derradeiro;
Vós, que esperamos jugo e vitupério
Do torpe Ismaelita cavaleiro,
Do Turco Oriental e do Gentio
Que inda bebe o licor do santo Rio. (*Lus.*, I, 6-8)

Ao terminá-lo, ainda o incita à guerra santa em Marrocos, considerando que, para isso, o céu o talhou e propondo-se a cantá-lo "De sorte que Alexandro em vós se veja/ Sem à dita de Aquiles ter enveja" (*Lus.*, X, 156).

Sem o mencionar explicitamente, o poeta o impelia à conquista do Quinto Império, fazendo dizer a Júpiter, no seu discurso aos deuses do Olimpo, ao referir-se à gente de Luso: "por ela se esqueçam os [feitos] humanos/ De Assírios, Persas, Gregos e Romanos" (*Lus.*, I, 24). Para fazer esquecer os quatro impérios do sonho de Nabucodonosor, seria preciso que tal gente implantasse o Quinto Império, o império de Cristo na Terra.

Da dedicatória passo ao fim do último canto, quando o poeta voltará a dirigir-se ao rei, desta vez, a exortá-lo. Entre esses dois pontos quase extremos do poema, há um sensível declive, ao contrário do que se esperaria numa epopeia. Os marcos mais evidentes do caminho são as sucessivas invocações à(s) musa(s), nas quais o poeta não apenas obedece a uma regra da arte poética em vigor, pedindo-lhes "um som alto e sublimado", mas também revela sua afetividade às ninfas pátrias, que eleva à função de inspiradoras do canto, afetividade reforçada pelo uso do possessivo, às vezes posposto: "E vós, Tágides minhas"

---

26. Embora a edição de referência para *Os Lusíadas* adote a grafia hũa, optou-se pela forma antiga ũa.

(*Lus.*, I, 4), "E ainda, Ninfas minhas" (*Lus.*, VII, 81) e a Calíope, musa da poesia épica e, por conseguinte, rainha das musas: "Aqui, minha Calíope te invoco". (*Lus.*, X, 8)

O tom em que a elas se dirigirá é que irá mudando: nos primeiros cantos, em que a glorificação da pátria e do canto é a tônica, há o imperativo da ordem:

> E vós, Tágides minhas, pois criado
> Tendes em mi um novo engenho ardente,
> Se sempre, em verso humilde, celebrado
> Foi de mi vosso rio alegremente,
> Dai-me agora um som alto e sublimado,
> Um estilo grandíloco e corrente,
> Por que de vossas águas Febo ordene
> Que não tenham enveja às de Hipocrene. (*Lus.*, I, 4)

> Agora tu, Calíope, me ensina
> O que contou ao Rei o ilustre Gama. (*Lus.*, III, 1).

Nos últimos cantos, quando já lhe pesam as decepções, é a súplica repassada de temor que dirige às Ninfas dos seus rios:

> *Vosso favor* invoco, que navego
> Por alto mar, com vento tão contrário,
> Que, se não me ajudais, *hei grande medo*
> Que o meu fraco batel se alague cedo. (*Lus.*, VII, 78)[27]

Súplica de auxílio, em que o barco de que até aqui falara como elemento concreto e fundamental da conquista do mar e de novas terras passa a ser metáfora do canto – fraco batel a embater-se contra o vento das vicissitudes da sua própria vida de soldado e poeta, a lutar e cantar, "Nũa mão sempre a espada e noutra a pena" (*Lus.*,VII, 79). E Camões interrompe a narração dos feitos da pátria para, longamente (*Lus.*, VII, 78-82) e em tom elegíaco, queixar-se da própria vida, dos "perigos Mavórcios" (*Lus.*,VII, 79), da "pobreza avorrecida"

27. Grifos da autora, no primeiro e quarto versos.

(*Lus.*, VII, 80), da perda da esperança, da vida presa por um fio. E nem lhe falta ao sofrimento a ingratidão dos que canta:

> E ainda, Ninfas minhas, não bastava
> Que tamanhas misérias me cercassem,
> Senão que aqueles que eu cantando andava
> Tal prémio de meus versos me tornassem.
>
> A troco dos descansos que esperava,
>
> Das capelas de louro que me honrassem,
> Trabalhos nunca usados me inventaram,
>
> Com que em tão duro estado me deitaram! (*Lus.*, VII, 81)

É de si que fala ao longo de quatro estrofes e meia; de si ainda falará por mais cinco – apresentando o seu critério de seleção dos que deve cantar, o que é uma maneira de definir-se moralmente:

> Aqueles sós direi, que aventuraram
>
> Por seu Deus, por seu Rei, a amada vida,
>
> Onde, perdendo-a, em fama a dilataram,
> Tão bem de suas obras merecida. (*Lus.*, VII, 87)

Ao fim do desabafo, da confissão do desânimo que lhe vem com sobejas causas, o poeta parece retomar o canto da pátria com nova coragem, infundida pelo deus das artes e pai das musas, a estas unido:

> Apolo e as Musas, que me acompanharam
> Me dobrarão a fúria concedida. (*Lus.*, VII, 87)

Readquirida a confiança no poder do canto, o poeta novamente celebra, nas bandeiras cujo significado Paulo da Gama explica ao catual, os varões ilustres do passado. Chegada a frota à Índia, deparamo-nos não já com uma luta de armas bélicas, mas com uma luta de interesses econômicos, o que faz que o poeta termine o canto com uma séria diatribe contra o poder ilimitado do ouro. Em enumeração reforçada pela anáfora do dêitico *Este*, a aproximar o acusado do que o acusa com a força do seu verso, toda a sociedade é abarcada, homens e mulheres, juristas, reis e, por fim, os homens da Igreja:

Este rende munidas fortalezas;
Faz tredoros e falsos os amigos;
Este a mais nobres faz fazer vilezas,
E entrega Capitães aos inimigos;
Este corrompe virginais purezas,
Sem temer de honra ou fama alguns perigos;
Este deprava às vezes as ciências,
Os juízos cegando e as consciências;

Este interpreta mais que sutilmente
Os textos; este faz e desfaz leis;
Este causa os perjúrios entre a gente
E mil vezes tiranos torna os Reis.
Até os que só a Deus omnipotente
Se dedicam, mil vezes ouvireis
Que corrompe este encantador e ilude;
Mas não sem cor, contudo, de virtude. (*Lus.*, VIII, 98-99)

Não estamos diante de um observador imparcial e frio, que apenas aponte os vícios, senão de alguém que critica mas sofre porque tem de criticar, alguém que não fica "à beira-margem,/ à beira-rio", ideal de Ricardo Reis, que nos rios não quer mais que molhar leves as mãos, mas que neles mergulha e deles se embebe, vivendo com os homens a vida dos homens que é a sua, participante nunca alienado de um mundo em mutação rápida e fascinante, que é o seu. Maravilha-se com o novo e rememora com respeito o velho – mas que sejam marcados pelo sinal *mais*. Repele o negativo – qualquer que seja – e com ele se magoa fundamente.

Assim se encerra o canto VIII. As vicissitudes dos navegantes em Calecute terminaram com a interferência do mouro Monçaide, que, na volta das naus, acompanhou-os ao reino, onde se fez cristão. É o momento do prêmio merecido – a Ilha dos Amores. Alegram-se e saciam-se os nautas, compraz-se o poeta com a descrição do espaço edênico e a narração do que nele se passa. Afrouxa-se a tensão. Mas ainda há algo histórico a narrar, para completar o tempo total da narrativa que se iniciou no passado mais remoto da pátria e se deve estender até o tempo da enunciação, à história futura, posterior a Vasco da Gama, mas anterior ao poeta. A função de narrar é transferida a alguém que tem o dom da profecia – a bela Ninfa da Ilha dos Amores, cuja voz angélica fará "subi[r] ao Céu/ Altos varões que estão por vir ao mundo" (*Lus.*, X,7). O poeta se dá conta de que "Matéria é de coturno e não de soco,/ A que a Ninfa aprendeu no imenso lago" (*Lus.*, X, 8). Para transcrevê-la, sente-se fraco. Novamente apela para Calíope. A voz é de desalento, quase de desistência. Os anos se passaram, o inverno se aproxima:

Aqui, minha Calíope, te invoco
Neste trabalho extremo, por que em pago
Me tornes do que escrevo, e em vão pretendo,
O gosto de escrever, que vou perdendo.

Vão os anos decendo e já do Estio
Há pouco que passar até o Outono;
A fortuna me faz o engenho frio,
Do qual já não me jacto nem me abono;
Os desgostos me vão levando ao rio
Do negro esquecimento e eterno sono.
Mas tu me dá que cumpra, ó grão Rainha
Das Musas, co que quero à nação minha. (*Lus.*, X, 8-9)

O que transparece mais que nunca no grande poema, já quase ao fim, é essa queixa dolorida que fica soando em nossos ouvidos, apesar da tentativa do poeta de recuperar o *tonus* épico nos últimos versos, dirigidos a D. Sebastião. O que permanece é a sensação de "desalento, de desencanto", se me é permitido apropriar-me da voz de Manuel Bandeira, que tanto amou o poeta maior:

No'mais[28], Musa, no'mais, que a Lira tenho

28. Introduz-se o apóstrofo para indicar a nasalidade do "*non*" (= *non mais*).

Destemperada e a voz enrouquecida,
E não do canto, mas de ver que venho
Cantar a gente surda e endurecida.
O favor com que mais se acende o engenho
Não no dá a pátria, não, que está metida
No gosto da cobiça e na rudeza
Dũa austera, apagada e vil tristeza. (*Lus.*, X,145)

Estamos a um passo de terminar o poema: os nautas já cumpriram a sua missão e já receberam o prêmio merecido. A missão do narrador chegou ao fim. Mas o poema ainda não terminou. Seria o momento de também regozijar-se o poeta por ter cumprido a missão de cantar e por ter o direito de calar-se, cansado do caminho e jubiloso da chegada. Mas não: pela terceira vez, ei-lo a invocar a Musa maior, não mais a pedir-lhe que lhe devolva "o gosto de escrever", mas que o abandone a seu destino de poeta que canta sem ser ouvido, porque a gente está "surda e endurecida"; que não recebe o estímulo da pátria porque esta está "metida/ No gosto da cobiça e na rudeza/ Dũa austera, apagada e vil tristeza". Todos já ouvimos inúmeras vezes estes últimos versos, mas eles continuam a atingir-nos com a mesma força, produzindo a mesma profunda sensação de decepção e tristeza.

Nesse momento, o poeta, como se se desse conta de que baixara a voz, do "som alto e sublimado" da epopeia para a sombria tonalidade do epicédio, não cantando a glória de Portugal, mas chorando a sua morte, volta a dirigir-se ao rei, já não mais o "tenro e novo ramo florecente/ De ũa árvore de Cristo mais amada/ Que nenhũa nascida no Ocidente"; não mais o príncipe a aguardar o tempo de reger os povos, mas o rei "que por divino/ Conselho est[á] no régio sólio posto", o rei a quem o poeta dá conselhos de bem reinar e termina por concitar à luta no norte da África. É a investida desesperada para mudar a direção dos fatos e recuperar a grandeza da pátria que vê agonizar, de novamente embocar a "tuba canora e belicosa". Desde sempre me impressionou esta descida em que despencam poeta, poema e pátria, como se uma nênia se cantasse e não um poema heroico. Disso falei nas comemorações do quarto centenário d'*Os Lusíadas*. E gostei de encontrar, nas páginas luminosas de *O labirinto da saudade,* de Eduardo Lourenço, esta leitura, ao mesmo tempo, de Portugal e d'*Os Lusíadas*:

> Da nossa intrínseca e gloriosa ficção *Os Lusíadas* são a ficção. Da nossa sonâmbula e trágica grandeza de um dia de cinquenta anos, ferida e corroída pela morte próxima, o poema é o eco sumptuoso e triste. Já se viu um poema "épico" assim tão triste, tão heroicamente triste ou tristemente heroico, simultaneamente sinfonia e "réquiem"? [29]

Esta subversão dos modelos clássicos da epopeia – a mistura de louvor e crítica dos heróis e, sobretudo, a presença do autor na obra, tão condenada por Aristóteles – terá apoucado o valor do grande poema épico do Renascimento? Serão *Os Lusíadas* menos epopeia e deixará Camões de ser o poeta épico por excelência da língua portuguesa por essa sua intromissão pessoal, subjetiva, no texto que criou? Pelo que de crítico tem o seu discurso? Há mais de vinte anos, quando se comemorava o quarto centenário do livro máximo de nossa língua, respondi a estas perguntas que então me fazia[30], concluindo: *Os Lusíadas* não são nem mais nem menos epopeia que a *Odisseia* ou a *Eneida*. São a epopeia de novos tempos, tempos contraditórios. "Alimentado de tais contradições, o poema adquire modernidade e se afirma como a única epopeia representativa do Renascimento europeu."

É exatamente por isso que considero que o poeta lírico está presente nesta epopeia que, comparada às anteriores, e também às contemporâneas, poderia ser definida como uma epopeia subversiva, inovadora.

Esta mesma atitude do poeta, encontro-a na *Mensagem*, de Fernando Pessoa. Depois de uma série de poemas afirmativos de um Portugal continental – Brasão, composto de matéria e espírito –, transposto o "Mar", chega-se aos "Symbolos" e aos "Tempos". Nestes, passa-se da "Noite", agravada pela "Tormenta", seguida da "Calma", aberta para a "Antemanhã" que se fecha em "Nevoeiro". É este o último poema do pequenino e precioso livro.

> Nem rei nem lei, nem paz nem guerra,

---

29. LOURENÇO, Eduardo. *O labirinto da saudade*. Lisboa: Publicações Dom Quixote, 1978, p. 22.
30. Cf. "Os excursos do Poeta n'*Os Lusíada*". In BERARDINELLI, Cleonice. *Estudos Camonianos*. Rio de Janeiro: Nova Fronteira, 2000, p. 31.

Define com perfil e ser
Este fulgor baço da terra
Que é Portugal a entristecer –
Brilho sem luz e sem arder,
Como o que o fogo-fatuo encerra.

Ninguem sabe que coisa quer.
Ninguem conhece que alma tem,
Nem o que é mal nem o que é bem.
(Que ancia distante perto chora?)
Tudo é incerto e derradeiro.
Tudo é disperso, nada é inteiro.
Ó Portugal, hoje és nevoeiro...

É a Hora!

Comecemos pelo título, "Nevoeiro": é ele a metáfora, transparente desde o início, e retomada, ao fim, desse Portugal, "fulgor baço da terra", "fogo-fatuo", "brilho sem luz e sem arder". Num processo muito pessoano de autodestruição pelo texto, em que a positividade do substantivo é a seguir negada pelos adjuntos adnominais, vê-se que, num jogo de contrários, o *fulgor* deixa de sê-lo porque é *baço*, o *fogo* é *fátuo*, só aparentemente *fogo*, apenas brilho que não ilumina nem aquece – características essenciais do fogo vivo, real. Vêm a seguir as negativas *ninguém* e *nem*, ambas repetidas, destruindo o *saber*, o *conhecer* e o *discernir*. Sucede-se-lhes o indefinido totalizador e afirmativo, *tudo*, duas vezes repetido, e variamente qualificado, a afirmar a incerteza, o fim, a dispersão. Então, reiterando a desqualificação de tudo, a sua reafirmação pelo *nada*, desta vez com predicativo positivo – *inteiro* –, oposto aos outros, mas sobretudo a *disperso*, o que mais se avizinha de *nevoeiro*, que surgirá no verso seguinte: "Ó Portugal, hoje és nevoeiro...". O poema parece terminar aí, neste verso que tem oito sílabas como os outros, mas há ainda mais um, de duas sílabas, a erguer o véu da névoa, a permitir a espreita de algo que há de vir, pois "É a

Hora!" Abrindo o *Dictionnaire des symboles*[31], lê-se no verbete "*Brouillard*": "O nevoeiro pode preceder as revelações importantes: é o prelúdio da manifestação". A revelação ou manifestação será possível, portanto, no espaço do mito; a propósito, relembro uma frase de *A nova poesia portuguesa*, de que já falei: "E a nossa grande Raça partirá em busca de uma Índia nova, que não existe no espaço, em naus que são construídas *daquilo de que os sonhos são feitos*".[32]

Gostaria, porém, de voltar ao verso entre parênteses "(Que ancia distante perto chora?)", que, sem rimar com os outros, vai ter consonância no pequenino verso quebrado que fecha o poema. É este o único momento em que se pode sentir um impulso positivo, embora esbatido pela distância e pelo pranto. Ainda assim, mesmo à distância, e em pranto, há *ancia*, e perto. A *ancia* é mola propulsora de ação; em *Mensagem*, é com ela que "a chama do esforço se remoça". Neste verso, abre-se a possibilidade para a palavra final. Sem ele, o poema terminaria em queda no pessimismo total. Tê-lo-ia acrescentado o poeta depois de pronto o poema, composto de duas estrofes de mesmo número de versos, como quase todos os outros? Como afirmá-lo? Mas como não ser tentada a supor que a *ancia* fosse introduzida pelo poeta ao dar-se ele conta de que sua mensagem final não correspondia ao prometido ou entremostrado em poemas anteriores? Em "A ultima nau", ele dissera: "Não sei a hora, mas sei que ha a hora,/ Demore-a Deus, chame-lhe a alma embora/ Mysterio". Era, pois, o momento de chegar a Hora, e com maiúscula.

Voltemos a *Os Lusíadas*. Quase ao fim, ouvimos a voz de Camões – e é de Camões que estou falando, não apenas de um sujeito poético que em versos de Camões se exprima, pois estamos num dos momentos mais autobiográficos do poema –, ouvimos-lhe, pois, a voz, a concitar a musa ao silêncio: "No'mais, Musa, no'mais". Mas a epopeia de Portugal não podia terminar em descida irreparável. O poeta reverte a direção do canto e inicia a ascensão, apelando para o rei e o exortando à luta. A luta que será matéria de novo canto. Também Camões poderia ter dito, com bem menos convicção: "É a Hora!"

---

31. CHEVALIER, Jean et GHEERBRANT, Alain. *Dictionnaire des symbols*. 4t., 6e. ed.. Paris: Seghers, 1973.

32. PESSOA, Fernando. *A nova poesia portuguesa*. Lisboa: Editorial Inquérito, 1944, p. 86.

Da leitura d'*Os Lusíadas* ressalta, como vimos, a busca de uma solução real para reverter a situação da pátria; dos poemas de *Mensagem* ressai, intensificada no poema final, "Nevoeiro", a proposta de uma solução não mais de dimensão humana, mas transcendente. Em ambos, porém, há, ao chegar ao fim, mais de epicédio que de sinfonia, apesar dos acordes vibrantes que Camões consegue desferir nas cordas da cítara que abandonara e das dissonâncias auspiciosas a que Pessoa recorre, inserindo-as na desalentadora harmonia final. Enfim, dois poemas épicos – ou épico-líricos? – "de espécie complicada", diria Pessoa, e digo eu: como convinha a Portugal.

No laboratório poético de Pessoa: poemas *in fieri*[33]

Sempre é possível retomar *Mensagem*, esta que é uma das obras mais perfeitamente realizadas da literatura portuguesa do século XX, mesmo para quem, como eu, acompanha Fernando Pessoa há mais de cinquenta anos. Assim, foi a partir de um exemplar da obra do ensaísta português Jacinto do Prado Coelho, remetida a mim em 1973, que foi sendo construído este caminho que me levou a reconhecer nos poemas de *Mensagem* essa busca frequente de novas formas de expressão e uma obra que foi sendo alterada discreta e significativamente pelo poeta. Foi então na ocasião da terceira reedição do seu excelente ensaio "Diversidade e unidade em Fernando Pessoa"[34] – que havia sido sua tese de doutoramento –, que Prado Coelho me enviou seu estudo com dedicatória afetuosa, em que "reafirm[a] uma viva admiração e amizade". Esses sentimentos eram os mesmos que eu nutria a seu respeito e continuo a nutrir, já agora repassados de saudade. Nessa quarta edição, em "Apêndice", ele tecia considerações a livros sobre Fernando Pessoa posteriores ao seu ensaio, que, sob alguns pontos de vista, foi inaugural dos estudos pessoanos. Entre essas obras incluía minha tese de livre-docência *Poesia e poética de Fernando Pessoa*, defendida há mais de meio século, que até o momento não publiquei, mas da qual lhe enviara um exemplar reprografado.

Considerando-a um estudo muito completo e encontrando nela equilíbrio e o rigor do método estilístico[35], discordava, no entanto, de

---

33. Uma versão deste ensaio foi publicada, com o título "Mensagem", in HEYE, Jürgen (org.). *Flores Verbais*. Uma homenagem linguística e literária para Eneida do Rego Monteiro Bomfim no seu 70º aniversário. Rio de Janeiro: Ed. 34, 1995, p. 405-14. .
34. COELHO, Jacinto do Prado. *Diversidade e unidade em Fernando Pessoa*. 4. ed. Lisboa: Verbo, 1973.
35. Ibid., p. 250.

uma posição por mim defendida e o fez com a elegância intelectual e moral de um verdadeiro *scholar*. Eis o que ele escreveu no parágrafo final da nota: "Segundo Cleonice Berardinelli, o que constitui 'o cerne do poeta Fernando Pessoa' é 'a sua febre de Além'. Por mim, em vez desta expressão, que, evocando o misticismo heroico da *Mensagem*, convém menos à restante obra de Pessoa e heterônimos, acho preferível 'inquietação metafísica' ou algo semelhante".[36]

Discordando de sua discordância, respeitei a colocação e escrevi-lhe uma carta, agradecendo-lhe a leitura e apresentando minha *defesa*. À distância de mais de trinta anos, não posso recuperar minhas palavras, mas ficou-me o argumento invocado. Eu procurara definir o cerne do poeta com palavras suas, para traí-lo o menos possível. Ao meu colega, que conhecia Pessoa pelo menos tão bem quanto eu, o sintagma "febre de Além" lembrara os versos de *Mensagem*: "E esta *febre de Além*, que me consome,/ E este *querer grandeza* são seu nome/ Dentro em mim a vibrar", que estão na segunda das "quinas", "D. Fernando, Infante de Portugal", poema na primeira pessoa – como todas as "quinas" –, posto, portanto, na boca do Infante Santo. Esquecera ele, contudo, que este poema – o mais antigo de *Mensagem* – data de 1913, chama-se "Gladio" e que, sem outras indicações, sua primeira pessoa só pode remeter ao sujeito lírico, Fernando – sim, não o infante, senão o poeta Fernando Antônio Nogueira Pessoa. Sendo assim, não fora eu que transferira "o misticismo heroico de *Mensagem*" para o Fernando Pessoa global, mas ele que se identificara ao infante do mesmo nome, irmanando-se a ele pelo mesmo impulso para o Além, que, num manuscrito do espólio de Fernando Pessoa (cf. imagem 5, deste volume), traz a forma *sede* alterada para a definitiva, mais forte, *febre*, que já encontramos na versão de "Gladio" impressa em *Orpheu 3*, em que, entretanto, permanece a forma inicial do verso seguinte: "E este *querer-justiça*", a qual passará, em *Mensagem*, a "E este *querer grandeza*" (cf. imagens 6, 7 e 8, deste volume, que ilustram as alterações realizadas por Pessoa). Procurei refletir um pouco sobre esta alteração: por que a vibração do nome de Deus no Infante não seria a busca da justiça? Mais do que o próprio sujeito poético de "Gladio", o pobre Infante, preso

36. Ibid., p. 251.

pelos mouros como penhor de Ceuta, por eles tratado sempre pior à medida que se passava o tempo e aqueles perdiam a esperança do resgate, se sentiria marcado pelo desejo de justiça, não só *lato sensu*, mas em causa própria. A resposta poderá estar nestas minhas últimas palavras: seria, no caso do Infante, um querer menor, de salvar a vida, de cessar os padecimentos. Maior seria querer grandeza, a grandeza que promana de Deus, que lhe dá o destemor, "Pois, venha o que vier, nunca será/ Maior do que a minha alma". Apenas uma palavra estabelece a diferença entre Fernando poeta e Fernando infante, mas não afeta a coincidência de estarem ambos tomados pela *febre de Além*.

Mantive e mantenho a minha proposta inicial: é a febre de Além que constitui o cerne da poesia pessoana, gerada no homem Fernando Pessoa por aquela religiosidade que, em 1915, ele confessa em carta a Armando Cortes-Rodrigues, o único amigo que poderia compreendê-lo por ser, como ele mesmo, "fundamentalmente um espírito religioso", tendo "a consciência (que em mim é quotidiana) da terrível importância da Vida [...]".[37] A "inquietação metafísica", que prefiro chamar "angústia metafísica", seria uma das componentes dessa febre de Além, onde conservei o "A". Ao argumentar, percebi como era significativa a alteração feita pelo poeta e devo ter pensado que outras haveria, e que seria bom conhecê-las e avaliá-las, observando Pessoa em seu laboratório poético, na busca de nova forma de expressão para uma forma de conteúdo que se alterava discretamente.

Foi isso que se fez presente com a lembrança das palavras de Prado Coelho. E surgiu, assim, a ideia de fazer algumas reflexões sobre exemplos semelhantes, tendo a possibilidade de escrever algo novo sobre *Mensagem*, sem correr o risco de repetir o já dito, e trilhando um caminho pouco percorrido que me é, contudo, familiar, pois o venho seguindo, com interrupções mais ou menos longas, há cinco décadas: o da preparação de edições críticas. Mergulhada, como andei, de 1987 a 1999, no Espólio III da Biblioteca Nacional de Lisboa – o espólio pessoano –, ou, antes, de 1976 a 1980, nos manuscritos camonianos dos quais obtive grande número, ou, ainda

37. PESSOA, Fernando. *Obras em prosa*. Organização, introdução e notas de Cleonice Berardinelli. Rio de Janeiro: Nova Aguilar, 2004, p. 53.

mais atrás, desde 1963, na preparação de edições do teatro quinhentista português, fascina-me cada vez mais o processo evolutivo que sofrem os textos, desde a origem até a última forma que nos chegou. A resposta dada a Prado Coelho fez-me volver a atenção para *Mensagem*, concentrando-me nas variantes textuais, bastante significativas, do poema. Aliás, de já longa data estava eu interessada em estudar algumas destas, a partir de um colóquio Pessoano em que Luciana Stegagno Picchio,[38] nos trouxera um texto, para mim inteiramente desconhecido, intitulado "Ironia", que fora publicado pela revista *Contemporânea*, em 1922, entre outros de um conjunto intitulado Mar portuguez.[39] O poema era uma variante total do que foi publicado em *Mensagem* com o título "Os colombos". Outra variante total é o poema "Affonso de Albuquerque", publicado na revista *O Mundo Português*, em número de julho e agosto de 1934, o qual difere profundamente do que figura no livro como "A outra asa do grypho/ Affonso de Albuquerque". Pelos anos de 1980, e por nímia gentileza de José Augusto Seabra,[40] que me forneceu uma cópia xerox do exemplar da primeira edição de *Mensagem* pertencente a Pessoa, também tomei conhecimento de alterações nesta feitas pelo poeta. É dessas variantes, maiores ou menores, que me ocuparei, no intuito de, mais uma vez, captar o poema *in fieri*,[41] procurando acentuar o aspecto que me parece digno de nota: as alterações são *quase* todas enriquecedoras. Na excelente edição crítica de *Mensagem*,[42] há pertinentes comentários a algumas dessas alterações, da responsabili-

38. Luciana Stegagno Picchio, professora italiana, especialista em literatura portuguesa.
39. Nessa altura, Mar portuguez , publicado em *Contemporânea*, vol. 2, n° 4, de 1922, e em *Revolução*, vol. 2, n° 383, de 16 de junho de 1933, tinha, à exceção de "Ironia", os mesmos poemas, alguns com outros títulos: "O mostrengo" era "O morcego"; "Occidente" chamava-se "Os descobridores do Occidente"; "Fernão de Magalhães", "Dança de Titans".
40. José Augusto Seabra, professor e escritor português, especialista em Fernando Pessoa.
41. Expressão latina, equivalente a "em elaboração".
42. PESSOA, Fernando. *Mensagem – Poemas esotéricos*. Edição crítica de José Augusto Seabra, coordenador. Madri: coleção Archivos/ Fundação Eng. A. Almeida, 1993.

dade de José Augusto Seabra e Maria Aliete Galhoz.[43] Citá-los-ei. Começo pelo segundo poema de *Mensagem*, "O das quinas".

Uma das suas mais significativas variantes encontra-se logo no início do poema. Onde estava "Vendem os Deuses o que dão./ A gloria compra-se a desgraça", o poeta corrigiu para "Os Deuses vendem quando dão./ Compra-se a gloria com desgraça". Veja-se o que ganhou o poema com as alterações: a antecipação do sujeito "os Deuses" ao verbo "vendem" colocou-os em posição de destaque e garantiu-lhes, desde o início, a função de sujeito; a mudança de "o que dão" por "quando dão" tira a certeza de que os Deuses sempre deem, embora vendendo. O "quando" introduz a dúvida: os Deuses podem até não dar, mesmo cobrando, e o preço é dado no verso seguinte que principiava pelo sujeito passivo. Depois de corrigido o primeiro, com a anteposição do sujeito, impunha-se a alteração feita (aconselhável, mesmo sem esta): a passagem do sujeito passivo para depois do verbo, estabelecendo um quiasmo – sujeito ativo/ verbo X verbo/sujeito passivo – que encerra o jogo de opostos: *vendem* X *compra-se, dão* X *[não dão] vendem, glória* X *desgraça*. Na segunda estrofe, no primeiro verso, "Baste a quem basta[e] o que lhe basta/ O bastante de lhe bastar", uma pequenina alteração, proposta, não decidida, pois o poeta escreve "*e*" acima do "*a*", cercando-os por um pequeno retângulo colocado verticalmente, o que, de um modo geral, como se constata nos testemunhos do Espólio III, revelava a sua dúvida (cf. imagem 9). Não poderia dizer melhor que os editores atrás citados: "o presente do conjuntivo acentua a natureza hipotética própria desse modo, ao reiterá-lo".[44]

Na "terceira" quina, "D. Pedro, Regente de Portugal", há uma ligeira correção, no v. 8: "Não me podia a Sorte dar guarida/ Por *eu não ser* dos seus" passa a "Não me podia a Sorte dar guarida/ Por *não ser eu* dos seus" (cf. imagem 10). Ligeira correção, disse eu, mas altamente expressiva. A antecipação do *não* dá-lhe maior tonicidade, aproximando-o do *não* inicial do verso anterior; a posposição do *eu* para lugar de forte tonicidade, dá realce merecido e até necessário

43. Maria Aliete Galhoz, professora e escritora portuguesa, especialista em Fernando Pessoa.

44. PESSOA, Fernando. *Mensagem – Poemas esotéricos.*, p. 14, nota 3.

àquele que se define em epítetos vocabulares ou frasais durante toda a primeira estrofe.

Na "quinta" quina, "D. Sebastião, Rei de Portugal", há apenas a supressão de um pronome: "Sem a loucura *o que* é o homem" passa a "Sem a loucura *que* é o homem", o que denota a preocupação de apurar a forma (cf. imagem 11).

O quarto poema de Mar portuguez é o forte e impressivo "O mostrengo," em que Pessoa transforma um *a* num *d* (v.1), mudando o sentido de um movimento e (jogo com a bissemia de *sentido*) o do ato realizado:

"Trez vezes *ao* leme as mãos ergueu,/ Trez vezes ao leme as reprendeu" era a primeira forma; com a correção, passou a "Trez vezes *do* leme as mãos ergueu,/ Trez vezes ao leme as reprendeu", que diz o contrário daquela, tautológica, pois o mesmo movimento seria representado por erguer as mãos "*ao*" leme e "*ao leme*" as reprender. Na forma substituta, acompanha-se a hesitação do homem do leme, a tirar as mãos "*do*" leme e nele tornar a pô-las (cf. imagem 12).

Todos que lemos *Mensagem* habituamo-nos a ver os poemas que constituem o "Timbre" na ordem em que lá estão: "O Infante D. Henrique"/ "A cabeça de grypho", "D. João o Segundo"/ "Uma asa do grypho", "Affonso de Albuquerque"/ "A outra asa do grypho."

Deste último poema, porém, saiu publicada, como disse atrás, uma variante total, alguns meses antes da edição da *Mensagem*, e informam Seabra e Galhoz[45] que, do original datilografado e manuscrito do livro, constam as duas versões. Vejamos, portanto, esta variante:

Affonso de Albuquerque

Passa um gigante pela vasta terra.
Seu duro passo faz tremer o solo.
Seu pensamento todo o mundo encerra,
Régio de fôrça e desconsôlo.

Seu vulto augusto é grave de sinais;
Seu grande olhar esta visão revela:

45. Ibid., p. 41, nota.

Mais vale o império do que a glória, e mais
Que a gratidão o merecê-la.

Não há corôa em sua fronte altiva,
Cetro nenhum em suas mãos está:
Grande demais para o que a hora viva
A quem é só da hora dá.

Acrescentam os editores que "Sobre esta folha foi escrita a lápis a palavra 'nula'". E acrescento eu: ainda bem. Não porque a versão rejeitada seja inteiramente má – o quarteto central tem três versos de grande beleza –, mas porque a que Fernando Pessoa preferiu é muito superior a ela, mantendo a altura do conjunto. Os versos a que me refiro são: o primeiro, "Seu vulto augusto é grave de sinais", em que é retomado o "*signum*" da epígrafe, e os dois últimos, "Mais vale o império do que a glória, e mais/ Que a gratidão o merecê-la", em que ouço o eco d'*Os Lusíadas*: "Porque essas honras vãs, esse ouro puro/ Verdadeiro valor não dão à gente:/ Milhor é merecê-los sem os ter/ Que possuí-los sem os merecer" (*Lus.*, IX, 93).

Eu poderia insistir nas fraquezas do poema rejeitado, como a rima com metafonia de *solo* e *consôlo*, ou a quase cacofonia do verso final: "A quem é só da hora dá", mas prefiro sinalizar alguns dos pontos em que a versão final se avantaja à outra.

Em primeiro lugar, a apresentação do herói transita do dinamismo de "Passa um gigante pela vasta terra/ Seu duro passo faz tremer o solo" ao estatismo de "De pé, sobre os paizes conquistados/ Desce os olhos cansados/ De ver o mundo e a injustiça e a sorte". À primeira vista, parece preferível captar no Albuquerque a sua movimentação pelos espaços da navegação e da luta, como homem de ação que foi. Duas razões me levam a preferir a sua estaticidade: primeira, o herói é fixado no fim da sua gloriosa trajetória, quando já "Calcára mais do que o submisso mundo/ Sob o seu passo fundo" (e peço que vejam quão mais valorizado é seu "*passo*" com a mudança do adjetivo: *duro passo* – pondo em relevo a firmeza, a segurança – a *passo fundo* – o que deixa marca profunda no solo trilhado); segunda, seus companheiros no tríptico, D. Henrique e D. João II, também estão fixados, como estátuas, na posição que os define: um, em seu trono, tem aos pés o mar conquistado, a acenar para o futuro, e as mortas eras, a consubstanciar o passado; o outro, de braços cruzados, "fita além do mar". É mais coerente o tríptico em sua estaticidade: um simplesmente "*tem*"; o outro, "*fita além do mar*"; o terceiro, "*desce os olhos cansados*".

Disse eu que quase todas as alterações feitas por Pessoa tinham sido enriquecedoras. Chegou o momento de explicar o *quase*.

Desde muito me pareceram estranhas as atribuições dadas a estes dois belíssimos poemas: o primeiro, ao Infante Navegador; o segundo, ao rei dos grandes Descobrimentos. Não tinha dúvida quanto ao lugar que ocupavam: aquele, como "A cabeça do grypho" – fora ele o *pensador* do desbravamento do mar –; como uma das asas, El-Rei D. João II, sentado em seu trono, entre o brilho das esferas, impulsionara as naus, tecendo-lhes o caminho pelas ondas, já tendo em mãos "o globo mundo", já conquistado "o mar novo e as novas eras".

Fora sempre o infante que eu vira, sozinho, fitando "além do mar", pois que neste buscava alcançar o que ainda não alcançara, mas sabia que lá estava à espera das *suas* naus; fora a sua imagem que sempre ocupara, no meu imaginário, o *promontório* de Sagres, pétreo e alto, de onde abriria os braços, revelando ao mundo um novo mundo. Era este, pois, o poema do infante, a cabeça pensante do "grypho" – o timbre do brasão.

O meu estranhamento permaneceu até ler, pela primeira vez, a edição de *Mensagem: Poemas esotéricos*, coordenada por José Augusto Seabra, onde encontrei, em notas, esclarecimentos com que nem contava àquela altura[46] e que, embora não plenamente satisfatórios, apoiaram a minha certeza de que tinha havido troca de atribuições. Lapso de Pessoa ou do editor de *Mensagem*? Segundo informação de Seabra, Pessoa foi vítima de forte hesitação que "acompanhou as suas constantes tentativas de organização dos poemas". Poderíamos considerar que tal hesitação justificaria existirem duas atribuições errôneas para dois dos poemas mais historicamente significativos do Brasão?

Já escrito este texto até aqui, pude ter em mãos as primeiras páginas de O *Mundo Português*,[47] e ver que nestas os dois poemas aparecem na mesma ordem de *Mensagem* e com as mesmas atribuições. A única

46. Ibid., p. 39-40.

47. Revista publicada em Portugal, na época de Pessoa. O exemplar aqui mencionado é de 1934, números 7 e 8.

diferença que há é a inexistência da menção a "A cabeça do grypho", no primeiro, e "Uma asa do grypho", no segundo.

Teria havido algum momento em que o próprio poeta se desse conta de que cometera tais lapsos? Por que, em tal caso, não os teria alterado? Eis uma resposta que não lhes sei dar. Afinal, o mago, o astrólogo era Fernando Pessoa. Eu, não!

Para terminar, volto ao primeiro poema citado, aquele que deu origem a todas estas pesquisas e propostas de leitura, e que foi analisado por Luciana Stegagno Picchio: "Ironia", que a lúcida pessoana classificou como "mediocríssimo" (considero-o melhor que isso), mas que deu origem a um dos mais perfeitamente realizados do conjunto do Mar portuguez, "Os colombos".

IRONIA[48]

Faz um a casa onde outro poz a pedra.
O gallego Colón, de Pontevedra,
Seguiu-nos para onde nós não fomos.
Não vimos da nossa arvore esses pomos.

Um imperio ganhou para Castella,
Para si gloria merecida – aquella
De um grande longe aos mares conquistado.
Mas não ganhou o tel-o começado.

Vamos compará-los a partir do título: explícita, no primeiro – "Ironia" –, a atitude do poeta, implícita, no segundo – "Os colombos" –, já a considero melhor, pois que a ironia é tanto mais profícua quanto menos patente, velando o jogo do emissor. A ironia do segundo título está ainda no plural "Os colombos", a apontar não para *o* navegador, prestigiado em sua singularidade, mas para todos aqueles que, como ele, foram diferentes de *nós*. Marcado e nomeado é o herói do primeiro poema, "O gallego Colón, de Pontevedra", que não foi de moto próprio, se não *seguindo-nos* "para onde nós não fomos". O segundo e último quarteto é a ação e glorificação do he-

48. Ibid., p. 53, nota 1.

rói: ganhou um império para Castela e a glória para si – a da conquista, aos mares, "de um grande longe". Para fechar, a observação fundamental: não estava nele a origem de tudo. Passemos ao texto de *Mensagem*: em vez de dois quartetos em decassílabos, duas sextilhas em redondilha maior. A informação transmitida é praticamente a mesma: ele ficará com o que *perdermos*, mas *nossa* é a primazia. Entretanto, sabemos muito bem, é no nível da forma de expressão que se faz o poético. E é nesta segunda versão que Pessoa mais uma vez o atinge plenamente.

Transfere-se o herói pessoal para o coletivo: *outros*. A esses caberá ficar com o que *houvermos* de perder (restos, pois) e ainda com o que, na sequência de *nossos* passos, for "achado, ou não achado". A trilha, portanto, é *nossa*: seus achados ou não achados foram-no no caminho que *abrimos*. Se, em "Ironia", Colón conquistou aos mares o *longe*, não lhes toca (aos colombos) a "Magia que evoca/ O Longe e faz d'elle historia". Conquistaram também o longe (com minúscula), mas não o Longe (com maiúscula), e por isso não foram tocados pela Magia (com maiúscula) que "faz d'elle historia". Não atingiram a transcendência da viagem, das descobertas, e os versos finais encerram, sem o dizer, com a ironia antes apregoada, a glória que alcançaram "É justa aureola dada/ Por uma luz emprestada" (cf. imagem 13, deste volume, com alteração manuscrita por Pessoa no original do livro).

Planetas, os colombos; o astro a iluminá-los, *nós*, Portugal.

COMPOSTO E IMPRESSO
EM LISBOA, NAS OFFI-
CINAS DA EDITORIAL IM-
PÉRIO, LTD., 151-153
RUA DO SALITRE, DU-
RANTE O MÊS DE OU-
TUBRO DO ANNO DE
1934, DA ERA DO
CHRISTO DE NAZARETH.

Este livro foi editado na Cidade de São Sebastião do Rio de Janeiro e publicado pela Edições de Janeiro no outono de 2014. O texto foi composto com a tipografia Requiem e impresso em papel Lux Cream $80g/m^2$ nas oficinas da gráfica Edelbra.